近鉄とファン大研究読本

スーパーバイザー 福原稔浩 元近鉄広報マン
監修 南田裕介 ホリプロマネージャー
著者兼水先案内人 久野知美 女子鉄アナウンサー

KANZEN

はじめに

Hajimeni

オリジナル！　バラエティ！
オールマイティ！　それが「近鉄」だ!!

近畿日本鉄道株式会社は、
大阪府、奈良県、京都府、三重県、愛知県の2府3県にまたがり、
営業路線網を持つ大手私鉄会社。

総営業距離は501・1㎞、
日本の私有鉄道事業者の中では最長の路線網を誇ります。

「近鉄」という名で愛される、この鉄道こそ、

独自路線を歩むオリジナリティがあり、
車両や種別ではバラエティに富み、
近畿においてオールマイティさを発揮している

と私たちは思っています。

そんな〝近鉄〟をいつものメンバーで掘り下げてみたら、
こういう本になりました。

鉄道シリーズ第5弾、ご愛読いただく皆さまのおかげで、
ついに念願の関西進出を果たしました！

さぁ、ようこそ『近鉄とファン大研究読本』へ――。

私たち、ついに関西に乗り入れました 目次

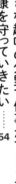

近鉄とファン大研究読本

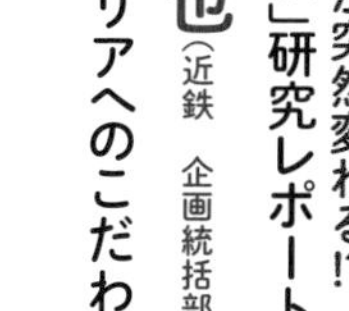
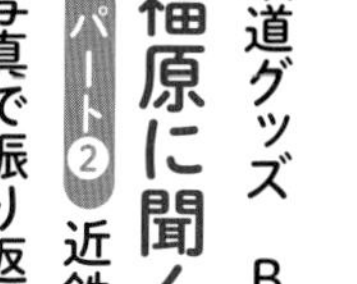

久野・南田・福原の
人生路線図

過去の鉄道本シリーズで度々、『日本のもじ鉄』の著者であり、グラフィックデザイナーの石川祐基さんに久野の人生路線図を制作いただき、披露してきました。さて今回は著者の久野、監修の南田、スーパーバイザーの福原ともに全員関西出身ということもあり、特別に3名にとって思い出深い、"近鉄沿線人生路線図"をご紹介いたします!

制作・写真:石川祐基

近鉄線と人生のご案内 中部エリア

Kintetsu & Life Network

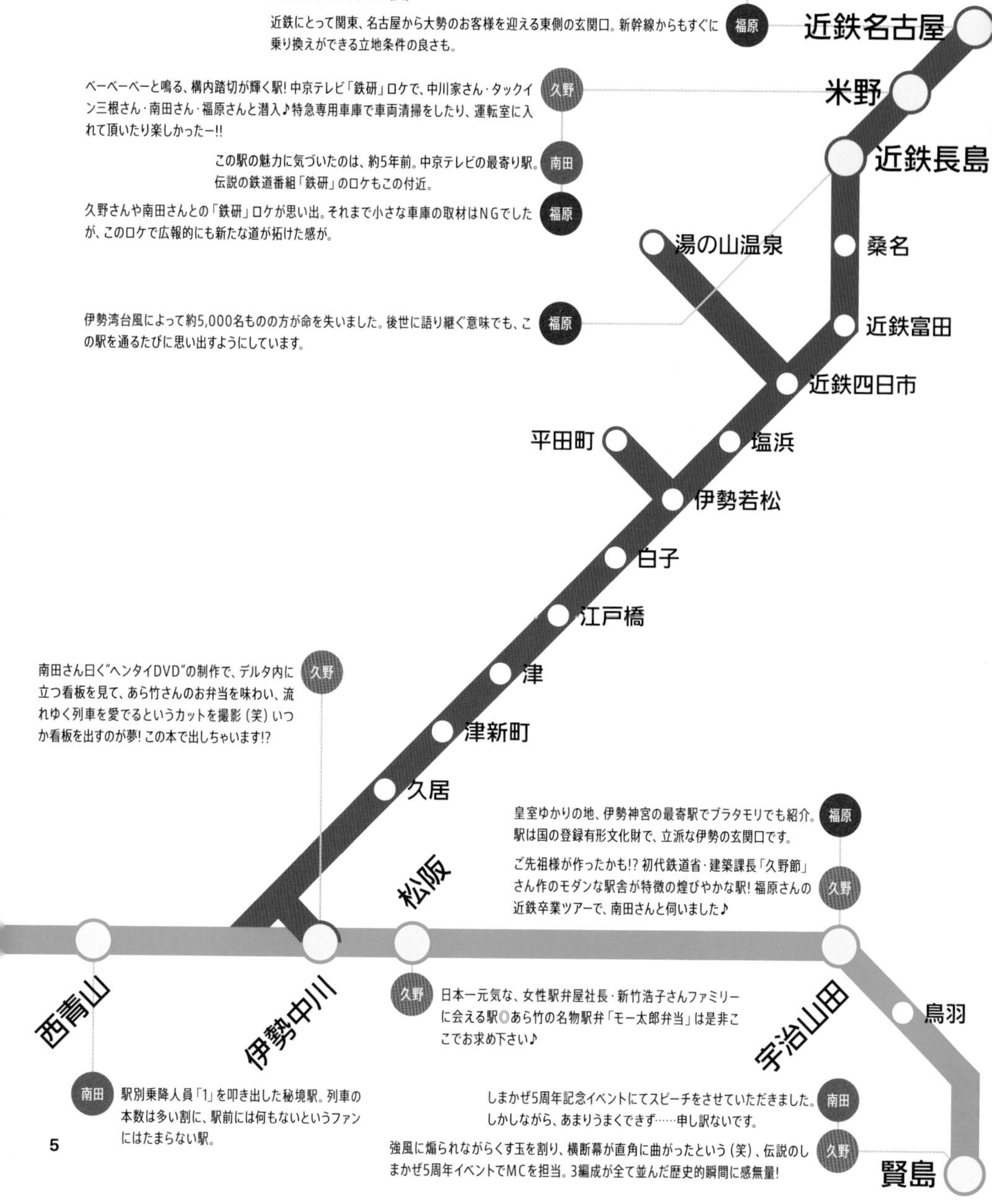

久野　近鉄特急運転開始70周年記念セレモニーにてMCを担当! ゲストに中川家の礼二さん、南田さん、近藤智美さん＆福原さんも。久野が真剣に打ち合わせる中、南田さんは列車の写真を撮りまくってました（笑）

福原　近鉄にとって関東、名古屋から大勢のお客様を迎える東側の玄関口。新幹線からもすぐに乗り換えができる立地条件の良さも。

久野　ベーベーベーと鳴る、構内踏切が輝く駅! 中京テレビ「鉄研」ロケで、中川家さん・タックイン三根さん・南田さん・福原さんと潜入♪特急専用車庫で車両清掃をしたり、運転室に入れて頂いたり楽しかったー!!

南田　この駅の魅力に気づいたのは、約5年前。中京テレビの最寄り駅。伝説の鉄道番組「鉄研」のロケもこの付近。

福原　久野さんや南田さんとの「鉄研」ロケが思い出。それまで小さな車庫の取材はNGでしたが、このロケで広報的にも新たな道が拓けた感が。

福原　伊勢湾台風によって約5,000名ものの方が命を失いました。後世に語り継ぐ意味でも、この駅を通るたびに思い出すようにしています。

久野　南田さん曰く"ヘンタイDVD"の制作で、デルタ内に立つ看板を見て、あら竹さんのお弁当を味わい、流れゆく列車を愛でるというカットを撮影（笑）いつか看板を出すのが夢! この本で出しちゃいます!?

福原　皇室ゆかりの地、伊勢神宮の最寄駅でブラタモリでも紹介。駅は国の登録有形文化財で、立派な伊勢の玄関口です。

久野　ご先祖様が作ったかも!? 初代鉄道省・建築課長「久野節」さん作のモダンな駅舎が特徴の煌びやかな駅! 福原さんの近鉄卒業ツアーで、南田さんと伺いました♪

久野　日本一元気な、女性駅弁屋社長・新竹浩子さんファミリーに会える駅◎あら竹の名物駅弁「モー太郎弁当」は是非ここでお求め下さい♪

南田　駅別乗降人員「1」を叩き出した秘境駅。列車の本数は多い割に、駅前には何もないというファンにはたまらない駅。

南田　しまかぜ5周年記念イベントにてスピーチをさせていただきました。しかしながら、あまりうまくできず……申し訳ないです。

久野　強風に煽られながらくす玉を割り、横断幕が直角に曲がったという（笑）、伝説のしまかぜ5周年イベントでMCを担当。3編成が全て並んだ歴史的瞬間に感無量!

京都

京都市営
地下鉄
烏丸線

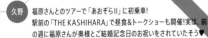

久野　福原さんとしまかぜ試乗会で初めて出会った、ご縁の"始発駅"！京都にこんな格好いい近鉄特急が走るのかと、誇らしく思った記憶が忘れられません！

竹田

福原　東海道新幹線やJR在来線と交わる駅。運転士時代、梅小路機関区の蒸気機関車の汽笛もよく聞きました。久野さんと初めてお会いした場所でもあります。

近鉄丹波橋

久野　「おけいはん」久野と近鉄さんの窓口となった乗換駅。高校&大学時代から、かなりヘビーユース！基本的に、連絡通路は急ぎ足でした。エキナカの期間限定ショップでシュークリーム買ったなぁ♪

大久保

久野　母校・立命館宇治高校の現在の最寄駅。通っていた当時は京阪宇治線の三室戸駅なので、大出世!?2002年に移転、エレベーターもある立派な校舎がオープン！

学研奈良登美ヶ丘

高の原

平城

南田　幼稚園の年少までを過ごし、初めて近鉄電車を見たのがこの駅近くの踏切。競輪開催日の急行臨時停車は、後に臨時停車が好きになるきっかけに。

生駒

久野　通っていた国松緑丘小学校の校歌の歌い出し、「生駒の山の連なりに～」を思い出します♪NHKラジオのロケでは、福原さんのアテンドで機械室を見せていただきました！

福原　助役として大阪上本町の次に勤務した駅。業務が多種多様であらゆる知識を学び、ここの経験が、広報の仕事に生きました。

東生駒

富雄

南田　北大和高校通学時は富雄から自転車。ガード下を流れる富雄川では「オイカワ」（コイ科の淡水魚）がたくさん釣れました。

学園前

南田　高校2年から予備校1年まで住んでいた街。ホームにKCN（近鉄ケーブルネットワーク）のマルチビジョンがあり、家では見ることができないサンテレビが放映。タイガース・八木裕選手の「幻のホームラン」もこのマルチビジョンで。

菖蒲池

大和西大寺

久野　南田さん曰く"ヘンタイDVD"を制作した地（笑）当時の担当ディレクターさんは、現在BSフジ「Let'sトレ活！」でもご一緒してます。しかも、前作の東急本ロケ中に、偶然再会したことがキッカケ！貴重なご縁です！

南田　CSテレ朝チャンネル「拝啓!! 鉄道人」のロケで、福原さんに解説していただいたのが福原さんとの出会いです。

福原　様々な方面から列車が駅に向かうので、自分の担当列車が遅れると他にも影響が。安全かつ定刻運転がお客様へのサービスです。

新大宮

近鉄奈良

萩の台

東山

南田　停車時間が2秒という時代も。かつて私はこの駅で降りるお客様を見たことがありませんでしたが、現在は隣の萩の台駅の乗降客数をはるかに上回る巨大な駅に大出世。

王寺

近鉄郡山

南田　駅前の「ころっけのハヤシ」のハムカツは絶品。元西友は小学生の私にとって買い物スポット。喫茶店「アミ6」のフルーツパフェは日本で一番うまかった。

久野　日テレ「笑神様は突然に…」のロケで、南田さんのズボンについたガムを福原さんが取ってくださった駅、と記憶してます（笑）

新王寺

平端

天理

久野　福原さんの現在の勤務地「なら歴史芸術文化村」の近鉄最寄駅！駅構内にて行われた天理市さん×なら歴史芸術文化村（指定管理会社）の包括連携協定式ではMCを担当♪

田原本

南田　王寺に住んでいるとき橿原文化会館へ行く際は田原本線経由。田原本と西田原本との間にあった「バーガーシティ」で、仲間と語り合った思い出。

福原　当時の800系の運転操作が非常に難しく、10センチ前に止まると行先表示板が取り付けられないくらい停車しづらい駅でした。

大和高田

西田原本

大和八木

久野　日テレ「笑神様は突然に…」のロケで、南田さんのズボンについたガムを取るために福原さんが秘密道具をピックアップしに戻ってくださった駅、と記憶してます（笑）

八木西口

福原

橿原神宮前

久野　福原さんとのツアーで「あおぞらII」に初乗車！駅前の「THE KASHIHARA」で昼食&トークショーも開催！実は、前の週に福原さんが奥様とご結婚記念日のお祝いをされていたそう♥

吉野

久野　さくらライナーのイベントや、青の交響曲の試乗会、NHKラジオロケなど度々お世話になってます♪神聖な吉野への入り口であるとともに、パタパタ（反転フラップ式案内表示機）が残ってるのも良き◎久野的に、鉄道世界遺産的な駅！

近鉄線と人生のご案内 関西エリア

Kintetsu & Life Network

福原　20系、30系、50系など大阪市営地下鉄(現Osaka Metro)の車両運転を経験。当時お世話になった大阪メトロの方とは今でも交流があります。

南田　浪人時代にお世話になった河合塾大阪南校の最寄駅。偏差値約11、センター試験で約150点アップ。日本史・中井先生の下ネタ年表語呂合わせは一生忘れられません。

福原　1991年助役として初めて勤めた駅。先輩から優秀な助役がこの駅に配属されると以前から聞いており、辞令が下りたときはうれしかったです。

福原　車掌時代はお客様の乗降の多さに怖くてドアを閉められなかった。運転士としては大勢のお客様が降りる姿を見て、安全に運べたと実感したものです。

福原　かつて古市駅同様に連結解放が頻繁に行われていました。乗務員時代、いかに早く幌を畳むか(出すか)、腕を磨きました。

南田　花園ラグビー場の最寄駅。1月3日に行われる高校ラグビーの準々決勝は4試合観戦できて非常にお得。東農大二高のBKの選手が独走したのをうっすら覚えています。

久野　学生時代からこの駅を利用したことは数知れず! 友達との待ち合わせ、お買い物……! なんばパークスができたとき、デートでも行ったなぁ(笑)

福原　新入社員で配属された駅。鉄道員人生のスタート。経験が浅く接客に不慣れで、お客様から差し出された地下鉄の切符を切ってしまった思い出も。

福原　生駒方面から難波行きを担当していると、河内小阪付近から大阪線が走行するのがわかる。それを見て、大阪線に負けず定刻運転するぞ! と気合が入りました。

福原　この駅の前後は33パーミル以上の勾配に曲線があり、初心者運転士泣かせ。うまく停車できると『運転士として一人前』と言われました。

福原　生駒駅助役時代、車両知識や技術のプロである検車係員の皆さんとの接点が生まれ、人脈が一気に広がりました。

久野　「駅祭ティング」の開催地の最寄駅として、久野&南田編成でステージに度々登壇! 福原さんとの3両編成で、あべのAステージでプチ書籍販売イベントを開催したことも◎

南田　吉野特急50周年・さくらライナー25周年式典でスピーチさせていただきました! 一緒に出演した山伏の方も笑顔で聴いてくださいました。

南田　毎朝6時59分発、生駒行きで北大和高校へ。定期券うりばの駅員さんが、高校生に対しても親切丁寧な接客でした。

久野　南田さん、福原さんゆかりの駅。ゆるキャラ・雪丸の像の前で南田さん&南田さんの先輩と記念撮影をした思い出!雪丸Cafe poemで販売中の「ゆきま～る」もオススメ◎いつかイベントリベンジ出来ますように♪

福原　王寺町観光・広報大使を務めており、大和鉄道まつりも開催。なお新王寺と王寺がつながると劇的に便利になるのですが……。

南田　近鉄バファローズ本拠地の藤井寺球場最寄駅。森ノ宮駅の日生球場での観戦が多かったですが藤井寺球場にも。近鉄対オリックス、0対1で負けてしまいました。

大和八木駅の南側にあるのになぜ西口なのかと広報時代によく質問されて、おいしいネタでした。そういう意味で思い入れの強い駅です。

福原　広報時代に行くことが多くなりましたが、連結解放が実にアクロバットで大変な作業だなと実感。本書でも詳細に紹介!

福原　かつて大阪電気軌道、大阪鉄道、吉野鉄道の終着駅で歴史的価値も。皇室ゆかりの地、列車区助役時代はいろいろ仕事をさせていただきました。

友近・礼二の

妄想トレイン

相互乗り入れ企画

久野知美が提案！

近鉄日帰り“妄想ツアー”

鉄道やグルメなど“ただただ妄想”して旅をせずに理想の旅を楽しむ人気番組、BS日テレ『友近・礼二の妄想トレイン』。当番組でアシスタントを務める久野知美が、“妄想”を楽しむ番組コンセプトに沿って、MCを務める友近さん、中川家の礼二さんに久野流「妄想近鉄旅」をご提案！　渾身のプレゼンテーションに、関西出身のお二人は果たしてどんな反応を見せたのか!?

久野提案 日曜日1日の近鉄"妄想"プラン

☆POINT☆
① 近鉄特急を味わいつくす!
② 人の魅力に触れる"
③ 駅ナカ&駅チカ施設 大満喫!!

前日泊	友近さん 都シティ近鉄京都駅 ★駅直結！ ★豪華トレインビュー 礼二さん 京都タワーホテル （京阪電車トレインルームでも OK）
10：30	都シティ近鉄京都駅ロビー集合、志津屋さんでカルネ購入
11：00	近鉄京都駅発 観光特急「あをによし」乗車 ★車内シートを堪能 ★スイーツを満喫
11：29	大和西大寺駅着 ★グルメを堪能
12：20 ～ 13：10	★大和西大寺駅 世界一の分岐を"見鉄"
13：20	大和西大寺駅発 大和八木駅、伊勢中川駅経由で宇治山田駅へ
14：57	宇治山田駅着 ★福原稔浩さんによる駅構内ツアー
16：23	宇治山田駅発 観光特急「しまかぜ」乗車
17：14	近鉄四日市駅着 ★お二人のため特別に、 あら竹の新竹浩子さんに駅弁を注文（※）
17：23	近鉄四日市駅発 桑名駅を経て、富吉駅へ ★ちゃらんぽらん冨好さん合流！

※普段は松阪駅、宇治山田駅、伊勢市駅のみ出張販売対応。

礼二さんも念願！「あをによし」でスイーツを満喫

久野：今回は記念すべき番組との相互乗り入れ（コラボ）企画ということで、お二人に楽しんでいただける近鉄のプランを考えてきました。題して、「友近さん&礼二さんにおすすめ！　近鉄沿線大満喫の旅」。日曜日の1日プランとなっております！

礼二：楽しみやわ～。泊まりでもええねんけどな。

久野：あら！　お忙しいお二人と思って、1日に詰め込んじゃいました。「近鉄特急をたくさん味わっていただく」「人の魅力に触れていただく」「エキナカ、エキチカ施設を大満喫」の3つが旅のポイントです！

　友近さんは土曜日が『花咲かタイムズ』（CBCテレビ）出演で名古屋にいらっしゃいますので、前泊で名古屋駅から近鉄特急を使っていただき、宿は「都シティ 近鉄京都駅」をお取りします。

友近：まあ。予定も汲んでもらっちゃってすみません。でも実は、都シティのトレインビュールームには泊まったことあります。

久野：まさにそのお部屋を予約しようと思っていたら！　ユーザーだったんですね、さすがです！　礼二さんは京阪がお好きですから、京都タワーホテルの「京阪電車トレインルーム555号」なんていかがですか？

礼二：あの運転台が設置されている部屋ね！　まあ、僕も都シティでええねんけどな。

友近：せっかく提案してくれてるのに（笑）。

久野：では、お二人好きなところに泊まっていただいて（笑）！　朝はせっかくのオフですからゆったり10時半に、友近さんに教えていただいた「カルネ」（※）を食べましょう。

友近：いいね。でもごめん、朝は6時には目が覚めてるからね。7時には私もう、カルネ食べてると思う。それか、朝6時半から第一旭のラーメン食べてる。

久野：早朝からラーメンですか！　わかりました。ではカルネはお土産にしていただいて……（笑）。

礼二：それで、僕らどこ行くん？

久野：はい！　11時に近鉄京都駅を出発し、観光特急あをによしにご乗車いただきます。

礼二：おおお！　デビューしたときは近鉄難波駅にすぐに見に行ったわ！　数々のロケでも乗れなかった念願のあをによし。

久野：車内は2列の座席配置で半個室もあり、ゆったりとスイーツもご満喫いただけます。あをによしバターサンドやまほろば大仏プリンも人気です。

友近：プリン大好き！

久野：良かったです。ただ、奈良まで行かず大和西

※京都のパン屋「志津屋」が販売する、丸いフランスパンのサンドイッチ

大寺駅で下車します。
礼二：えええ！　短いっ。30分しか乗れないの？
久野：申し訳ございません。たくさんいろんな種類の近鉄特急に乗っていただくという旅のコンセプトでして……！　あをによしからは、大和西大寺駅で「世界一の分岐」を楽しんでいただき、こちらのエキナカで、ランチにします。
礼二：大和西大寺駅のエキナカすごいのよ。2022年3月にリニューアルされて、デパ地下みたいに充実してるんよ。
久野：そうなんです！　トレインビュースポットもありますから、大阪と京都から入ってくる電車を眺めて楽しめます。食通な友近さんは、食巡りしていただいて、1時間たっぷりお過ごしください。
友近：あをによし乗車時間よりも長いのね（笑）。

ご先祖さまが建築家!?
美しき宇治山田駅を巡る

久野：そして、13時20分の列車で大和八木駅まで向かいまして、特急を乗り継ぎ、伊勢中川駅近くの三線がデルタ状に重なり合う「中川デルタ」を見ます。乱立した看板も愛でていただきつつ、宇治山田駅に到着します！
友近：宇治山田駅ってすごくきれいで、ヨーロッパ風のスペイン瓦や、テラコッタタイルなども飾られてるのよ。
久野：そうなんです。こちら、実はですね、私の遠いご先祖さまの建築家・久野節（みさお）さんがつくっているんです。
礼二：え、それホンマにそうなん？
友近：血縁やったなんてすごいね～！
久野：はい。ご先祖さん……かもしれない方です。
礼二：かもしれない？　それ、ちゃんと「真偽は確かではありません」って書いておかないとあかんで！
久野：ふふ、そうですよね。そんな宇治山田駅で元近鉄の名物広報・福原稔浩さん（本書スーパーバイザー）に駅構内をご案内いただきます。バスの転車台（ターンテーブル）などがあって、ちょっとした博物館みたいになっているんです！
礼二：福原さんの軽快なトークを聞きながら回るのね。んで、結局僕らどこ行くねん！
久野：はい（笑）。お土産の赤福2個入りをご購入いただいてから、1時間弱、観光特急しまかぜにご乗車いただき、近鉄四日市駅で降ります。
礼二：渋っ！　渋いなぁ。
久野：ここでも名物スタッフさんにお待ちいただいております。近鉄沿線でロケするときにいろいろなお弁当持ってきていただく、新竹浩子さん（※）です！
礼二：あの、妄想の中でしか会えない方ね！（笑）
久野：いえ、実際にお会いできます！　もともと女優さんから、老舗駅弁屋の6代目社長となられて、コアファンも多いんですよ!!　お二人のために今回は特別にこちらで夜のお弁当を仕入れていただきます。

友近：（お弁当のパンフレットを見ながら）じゃあ私は、この『モー太郎弁当』。

礼二：僕も一緒。人気ナンバーワンだからね。

近鉄特急の“もったいない使い方”が高評価!?

久野：いよいよ終着点も間近です。近鉄四日市駅から三重県の桑名駅まで行き、そこから、今回の旅のゴールである富吉駅に向かいます！

礼二：おお！　富吉が終着点だったか～。コースとしては、なかなかええと思うわ！

久野：本当ですか！　うれしい!!　さらに富吉駅では、冨好真さん（※）とお待ち合わせ

※新竹浩子さん：創業明治28年、松阪名物の定番駅弁『モー太郎弁当』（駅弁大会人気ナンバーワン）や『元祖特撰牛肉弁当』などで有名な駅弁のあら竹の6代目社長。ぴーちゃんの愛称で人気。当番組のみならず、鉄道イベントのゲストとしても出演多数。
https://www.ekiben-aratake.com/

宇治山田駅のホーム横にはかつて使われていたバス専用の転車台が残る

宇治山田駅構内にある、登録有形文化財を示すパネル。お二人に写真をお見せした瞬間、「久野ちゃんのクビレ強調ショット!」と総ツッコミが（笑）

の上、「富吉×冨好」のコラボを楽しみますよ。

友近：冨好さん優しいから、きっとどこにでも来てくれるわね。

礼二：注意したほうがええのは、意外と、大して感動せず「ふーん、富吉駅か」で終わる可能性あるで。

久野：そんな〜。せっかく富吉駅があるのに冨好さん降りたことなかったらもったいないかな、と思ったんですけど……！

友近：自分の興味あるものは決まっている方ですからね。

久野：個性豊かな3人にお会いする梯子旅ということで、ここからは三々五々、名古屋に帰っていただき旅は終了です！　どうでしょう。この〝妄想旅〟、星いくついただけますでしょうか。

友近：星3つ！

礼二：僕は1・5！

久野：低っ！　先ほど「いいコース」と褒めてくださったじゃないですか⁉（笑）

礼二：じゃあ、3つでええわ。

久野：いえいえ、めんどくさがらないでくださいよ〜！　率直な講評をいただきたいです！

礼二：冨好さんに会えへんかったら、あをによし、もうちょっと長く乗れるな、と思って。

友近：冨好さんカットされてる（笑）。でも確かに、あをによしにはもっと乗りたい。あとね、私もめんどくさくて「星3つ」って言ったけど、本当は、宇治山田まで行くなら、お伊勢さんに行って、「伊勢うどん」食べたいんですよ。だから泊まりでもいい！

久野：人がお好きなお二人だから、出会いの旅がいいかなと妄想しちゃいました……！

礼二：でも、しまかぜを宇治山田駅から近鉄四日市駅までしか乗らないという、もったいない使い方を平気でするところが久野ちゃんのすごいところよ。久野ちゃんにしか考えられない旅でよかったよ。ただ、この妄想は番組では取り入れません。最初で最後のコラボということで、関係者の皆さん、ありがとうございました！

久野：けっこう好感触でしたが、ダメでしたか〜。でも、妄想にたくさん突っ込んでくださり、お二人ともありがとうございました!!

※冨好真さん：1979年に結成されたお笑いコンビ、ちゃらんぽらんのボケ担当。2008年に解散して以降はピン芸人、ちゃらんぽらん冨好として活動中。bayfm『シン・ラジオ - ヒューマニスタは、かく語りき -』で友近さんは毎週金曜日のヒューマニスタを担当しており、冨好さんも同番組に毎週大阪からレギュラー出演している。

TV 番組情報

好評放送中！

友近・礼二の妄想トレイン

BS 日テレ
毎週火曜 21:00 ～ 21:54 放送
https://www.bs4.jp/mousou-train/

「妄想があれば何でも出来る」。鉄道、温泉、グルメ…、時刻表などを片手に理想の旅を“ただただ妄想”する新感覚紀行。そのプラン通りに旅に出たらどうなるのか！

TVer で最新回を無料配信中
hulu で放送後 1 年間配信（有料、お試し期間あり）

久野知美×徳永ゆうき×南田裕介

どうする!? どうなる!?

近鉄×関西私鉄 相互直通運転の今昔

阪神に『しまかぜ』が走る時代は来るのか？

2009年3月、阪神なんば線開業に伴いスタートした近鉄と阪神の相互直通運転によって、利便性は一気に高まりました。首都圏では私鉄同士の相互直通運転は当たり前ですが、関西圏においてはまだまだ相互直通運転のネットワークに可能性を多数残しています。今回は、『友近・礼二の妄想トレイン』にも多数出演している阪神沿線出身の徳永ゆうきさんと一緒に、京阪沿線出身の久野、近鉄沿線出身の南田が関西私鉄の相互直通運転の過去・現在・未来を語り合いました！

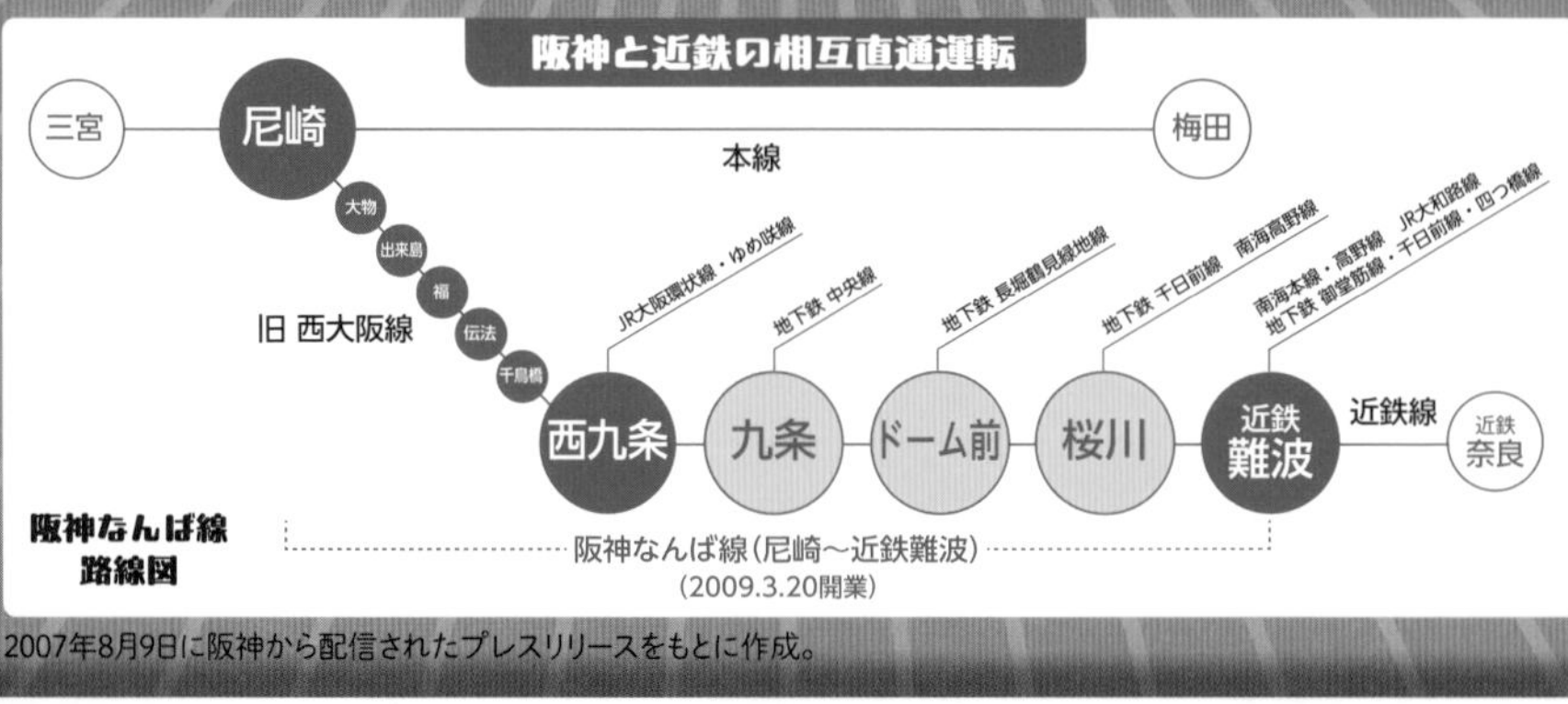

2007年8月9日に阪神から配信されたプレスリリースをもとに作成。

どうする!?どうなる!?

阪神に『しまかぜ』が走る時代は来るのか?

阪神のホームで実感する近鉄車両の長さ

久野　2009年3月20日の阪神なんば線開業時は私も南田さんも、もう上京して関西を離れていたので、そのときのことをリアルタイムで経験されている徳ちゃんにぜひお話を聞きたいと思っています!

徳永　なるほど。関西にいたのは僕だけか。確か、中学生でしたね。

南田　Xデー(当日)はどうしていましたか?

徳永　開業日はちょうど柔道部の春の大会で、試合中に肩の腱が断裂するという大けがをしてしまったんです。でも、しびれて力が入らへん状態で、右手一本で撮りに行きました(笑)。

久野　行ったんや、すごい(笑)!

南田　どこからどこまで行ったん?

徳永　僕の家の最寄り駅・伝法駅から乗って、近鉄奈良駅まで行きました。当時は、なんば線内の各駅停車しか止まらない駅も、11時から夕方ぐらいまでは、快急(快速急行)も止まっていたので、「快急に乗ってとりあえず奈良に行ってみよう」って。「つながったー」言うて。ほんで一回大和西大寺駅で降りて、ポイントやら世界遺産やらを見て、近鉄奈良駅で降りましたね。

久野　しっかり伝法駅から乗ったんやねえ!　誰かと一緒に行ったんですか?

徳永　えーっとね、宮岡…って、誰が知ってんねんって話ですけど(笑)。

南田　その宮岡さんは今何をしてはるの?

徳永　宮岡は今、JR吹田工場で整備とか改造とかいろいろやってます。

南田　へえ!　ところで相互直通運転はやっぱり便利でしたか?

徳永　そりゃ便利でしたよ。阪神電車は元々大阪梅田駅が終点ですが、なんば線の開業でさらに大阪難波駅にも行くようになった。たぶん関西私鉄でキタとミナミがつながってるのは阪神だけでしょうね。すごく利便性の高い路線になりました。なんか、なんば線は本線以上に本線感が増しましたよね。

久野　ほんまやね!　確かにね。

南田　それまでに奈良に行ったことはあったんですか?

徳永　大和路快速(JR)で行ったことはありましたけど、一度だけかな。

南田　これはなんば線開業によって、兵庫や大阪より西の方々が奈良に訪れるきっかけが増えたということですね。

久野　それは奈良県民としてはうれしいものですか?

南田　もちろんうれしいです!

Xデーの日、肩の大けがにもかかわらず、右手一本で写真を撮りにいきました(徳永)

久野　やはりそうなんですね‼
徳永　神戸三宮駅から近鉄奈良駅まで一本で行けるってのが、もうなんか不思議で。
久野　今でも信じられないですよね！
南田　尼崎周辺とかで近鉄の車両を見ると、今でも「え？」って思うもん。
久野　思いますよね。しかも尼崎駅にいると車両がいっぱい来るからめっちゃ楽しい！　一生いれると思うくらい（笑）。
徳永　僕も仕事で関西方面に行ったら、時間のあるときは尼崎で撮り鉄するんです。近鉄が来て、山陽が来て、阪神が来て、阪神はジェットカー（青胴車）から赤胴車もあるし、近鉄はラッピング車が豊富だし。だから見ていて飽きないというか……で、たまに22600系が団体で乗り入れたりとかして。
南田　それを見たん⁉
徳永　見ました。
南田　すごいね！　2両？　4両？
徳永　4両でした。「いつも見てた淀川に近鉄特急が走ってる！」と思って、めちゃめちゃテンション上がりましたね。もうね、近鉄特急が来たときは、「嘘やろ？ 夢かこれは！」みたいな感じでしたね！
南田　近鉄の車両を見たときは、どう思いましたか？
徳永　阪神の車両は3扉なんで、まずは「ああ、近鉄は4扉あるんや」と思いました。だから足元に○印と△印の2種類があって。
南田　ああ、せやなー。まるで103系と113系や。
徳永　1両分ぐらい近鉄が長いんですよね。
南田　20メートルやもんね。
徳永　はい。阪神が18メートルなので、○印と△印の長さの違いを見て「うわ、近鉄ながっ！」って感じましたね。
久野　近鉄に対して、ちょっとリスペクトみたいな気持ちはありますか？
徳永　そうですね。なんせ〝近畿日本鉄道〟ですからねえ。名古屋にも行ってるし、三重にも京都にも奈良にも行ってるというね。なんば線の前は西大阪線という名前で、尼崎駅から西九条駅までやったんです。ジェットカーも走っていましたけど、まあ赤胴車4両の短いのが12分に一本だけだったんですよ。

山陽電気鉄道線に加え、近鉄奈良線にも対応した急行系車両として登場した阪神1000系。
撮影：徳永ゆうき

どうする!? どうなる!? 阪神に『しまかぜ』が走る時代は来るのか？

久野　ほぼ京阪宇治線やん（笑）。

徳永　ある日、友達と線路の横にあるグラウンドでキャッチボールをしていたら、その12分に一本の西大阪線が尼崎方面に行ったんです。でも行ったあとも、ずっと踏切が鳴り続けていて「なんでや？　今行ったやんけ!?」と思いながら、ちょっと待ってたら近鉄10両がゆっくり来てたんです。「試運転や、乗り入れやー！」。もうね、黒船が来航したみたいな（笑）。「『シリーズ21』や！」言うて。

南田　『シリーズ21』が来たん？

徳永　はい。開業前に尼崎で連結とか切り離しの訓練をやっていたんです。6両と4両（増結2両＋2両）の10両で、めっちゃゆっくり、ダンダン！ダンダン！ダンダン！って来るわけですよ。ものすごい衝撃でした。それを友達と、それこそ宮岡ですよ（笑）。宮岡と「うわあー！」言うて、テンション上がって「ほんまに来よったで！」ってなったのを覚えてますね。

久野　やっぱり開業の前後にいるっていいですね！

徳永　どんどん活気づいていったというか。赤胴4両が今度1000系の4両になって。

南田　阪神の1000系いうのは、阪神電車の中でスターなんでしょう？

徳永　スターですね。僕は特に増結編成が好きで、前パンタの。

南田　じゃあ、西大阪線にスターが来たわけですね。

徳永　はい。ほんで、赤胴車から1000系4両になって、しばらくしたらなんば線開業に向けた試運転が始まって1000系6両が入ってきて、さらには9000系も入ってくるようになって。徐々になんか西大阪線の車両もグレードアップしてきて。ほんで、西九条駅で旅客扱いを終えて、そこからそのまま大阪難波駅までの試運転で先に行ったときに、「うわあ、西九条から先にレールがつながってるー！」って、そこでもまた、めちゃめちゃテンション上がりましたね。

南田　すごいねー。そうか、お客さんを降ろして、そのまま試運転なんや。

徳永　表示を試運転に変えて、大阪難波方面に走っていくわけですよ。

久野　歴史の証人ですね!!

徳永　ほんで、気付けば近鉄が入線してきて「うわ、近鉄キター！」って。あの衝撃は今でも忘れられませんね。

南田　近鉄が西九条に来るとは思わへんかったもんね。僕は西大阪線が全然わからへん。触れたこともない。一回も乗ったことなかった。

久野　え？　南田さんが？

南田　基本的には阪神に乗らへんもん。

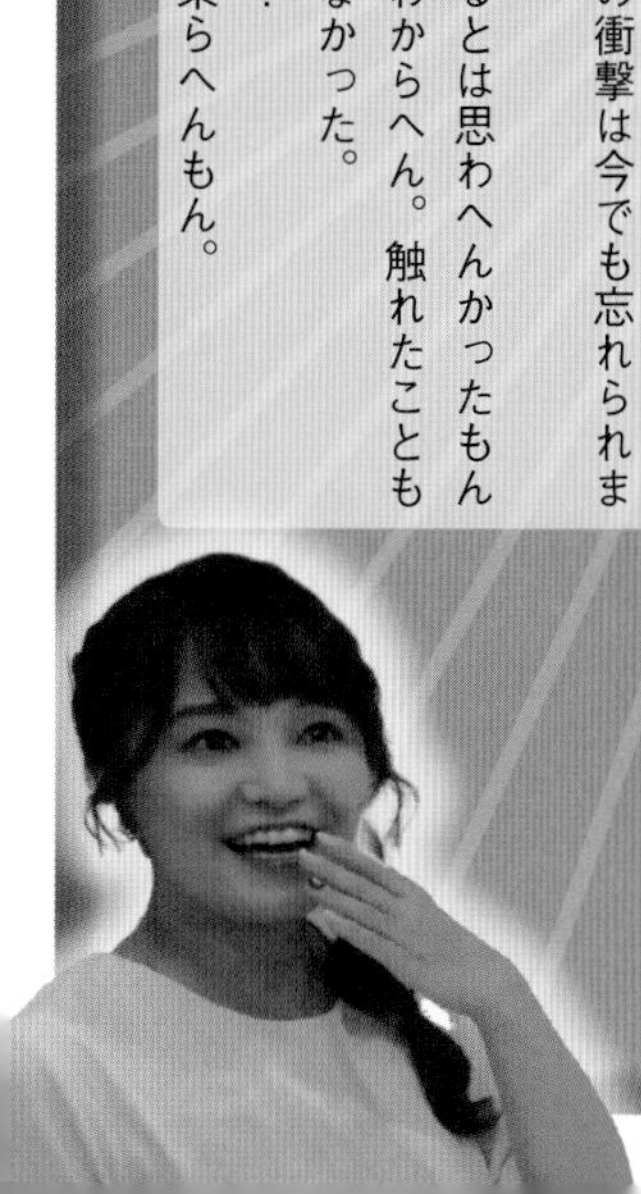

いまだに大和西大寺駅に阪神の車両が来るのを見て「ほんまかいな？」って思う（笑）（久野）

久野　なんでやねん！　近鉄沿線出身として、阪神にライバル意識でもあるんですか（笑）？

南田　いや、ただ神戸に行く機会があまりなかったから。甲子園球場に行くときは乗りましたけどね。

近鉄名古屋発・山陽姫路行きとかやってほしい

久野　なるほど（笑）。ただ、関西出身者として、例えば関東の方に近鉄と阪神がつながるということが、どれくらいすごいのかをわかりやすく説明するのって、少し難しくないですか？

徳永　そもそも相互直通運転が関西は少ないですからね。それぞれ独立しているというか、京阪は京阪、南海は南海、阪急は阪急というような。

久野　そうそう！　いまだに大和西大寺駅とかに阪神の車両が来るのを見て「ほんまかいな？」って思ってる自分がいますからね（笑）。

徳永　どう説明したらいいんですかね。

南田　せやなー、最近、ＵＦＪ銀行のＡＴＭでは、三井住友のキャッシュカードでも手数料なしでお金を下ろせるようになったやん。それに近いかな（笑）。

久野　それいいですね！　それいただきましょう（笑）。

南田　ああ、ちょっと待って。ちょっとニュアンス

西大阪線を走っていた、当時の阪神7801形。急行などの車両に採用され、赤胴車と呼ばれた。
撮影：徳永ゆうき

どうする!? どうなる!? 阪神に『しまかぜ』が走る時代は来るのか？

が違うな。競合ではないんですよ。でも手を結ぶことによってお互いが発展するというか。

久野 なんだろう、交わることのないもの同士が…。吉本興業さんと松竹さんっていうと違いますかね（笑）。

南田 それはめちゃライバルやん！ ＪＲ大和路快速と近鉄っていうてるようなもんやん（爆笑）。

久野 とにかく歴史的快挙なんですよね。

南田 あれと一緒かな、かつ丼セットみたいなもんかな（笑）。

徳永 はははは。何を言うてるかわからへんようになってきましたけど、例えが思いつかないほど、大きい出来事のひとつだったんです！

南田 しかも、メトロを介さないところが鋭いんです。関東だと例えば、西武と東急を結ぶのに、東京メトロの副都心線が入っているけど、それがない。だから代理店を挟まない直営業みたいな（爆笑）。代理店を通さないで、直接シェイクハンドしているというのが、関西っぽい感じかな。

久野・徳永 確かにね!!

南田 奈良のほうにも阪神電車を撮りに行くんでしょう？ 例えば奈良県の学園前とか大和西大寺とか富雄の坂のところとかも撮ってる？

徳永 はい！ でもなんか不思議ですよね。景色も全然違いますし、そういうところを見ると、はあ、そうか、すごいよなーって。

久野 基本的には都市部を走っていた阪神の車両が山のほうにも行くんですものね。なんか自分の持ってる車両で大きな鉄道模型の運転会をしているような感じですよね（笑）。

徳永 生駒トンネルを阪神が通るんやぞ、みたいな（笑）。

久野 世界遺産の前通るんやぞ、みたいな！

南田 阪神のほうに来てほしい車両とかあるんですか？

徳永 「しまかぜ」来てほしい。

久野 「しまかぜ」来てほしいよね！

南田 「しまかぜ」かー！ 今、いいコメントとれましたね（笑）。

徳永 水色と白の2トーンという色合いが阪神の5500系に似てるから。なんか馴染みがあって、見たらホッとするような……。あっ「あおぞら」でもいいかも。「しまかぜ」に限らず近鉄の観光特急はなんば線に来てないので。「スズメバチ」（編集部注：スタンダードタイプの特急）は来てるんですけどね。神戸三宮発・天理行きとか、神戸三宮発・賢島行きとか。

久野 行先も「嘘やろ？」って思いますよね（笑）。

徳永 いっそのこと、山陽姫路から一本通してくれたらいいのに。山電やと、海沿い走るから景色もい

関西の相直は首都圏のように メトロを介さない代理店を挟まない 直営業みたいなもの（南田）

いし、そこを「しまかぜ」走ったら雰囲気に合いそうな気がします。
久野　賢島から姫路まで一本で行けたら、めっちゃ楽しい！　夢ですね。
徳永　近鉄名古屋発山陽姫路行きとかやってほしい、ぐるっと回って。

快急の方向幕が変わる芸達者ぶり

久野　実は歴史を紐解いていくと我が京阪も、戦後23年間だけ丹波橋経由で近鉄と乗り入れていたときがあったらしいんです。
徳永・南田　へえ。
久野　丹波橋駅から三条駅を経由する線があって、京阪本線の淀屋橋とかからの電車だと思うんですけど、もちろん近鉄奈良駅にも行けるという。でも丹波橋の乗り換えの高架で京阪の列車を近鉄がたくさん待たなきゃいけなくなって本数が作れなくて、とりやめになったんです。
徳永　幻の23年や！
久野　丹波橋駅から三条駅を経由したら、京都のほうにも行けますしね！
南田　まあ、竹田から地下鉄が入るようになったのも衝撃やったけどな。最初もう近鉄は本当にどこの鉄道会社とも交わらないような濃い血が流れていたんだけど、だんだんそうじゃなくなってきた（笑）。
久野　そのあたり近鉄沿線出身の南田さんとしてはどうなんですか？
南田　僕は、近鉄区間は近鉄に乗りたいので阪神の車両は見送って近鉄の車両に乗っていました。
久野　南田さんらしいけれど、頑固だね（笑）。
南田　でも阪神の圏内では、近鉄の車両が来ても阪神の車両に乗りたいから。
徳永　その線の車種に乗りたいと。
南田　ちなみに徳ちゃんは、快速急行はしっくりきたんですか？
徳永　そうですね！　僕、快急でいちばんテンションが上がったのは方向幕ですね。阪神線内では快急は水色なんですけど、近鉄線内に入ると赤色に変わるんですよ。大阪梅田駅発の快速急行に乗って、てっきり水色やと思ってたのに、近鉄線内で外に出たら、「うわ、赤になってる！」って。阪神線内で赤といえば特急なんで。
南田　それは芸達者やね!!

このまま電車に乗っていれば奈良に行ける

久野　改めて徳ちゃんの実感として、相互直通運転が始まってから人の動きにも変化があったと思いますか？

快急でいちばんテンションが
上がったのは方向幕。
「青から赤に変わってる！」って（徳永）

どうする!? どうなる!? 阪神に『しまかぜ』が走る時代は来るのか?

徳永　正直言うと、前は西九条駅止まりやったから、あまり奈良と縁がなかったんです。でも、今はうちの両親も「ちょっと奈良行こか」って、奈良公園へ行きますからね。

南田　効果あるんやね!

徳永　ありますね。身近に感じますよ、奈良が。一本で行けるというのも大きいし、来る電車が奈良行きとか大和西大寺行きやし。

久野　近鉄沿線出身の南田さんが初めて阪神なんば線に乗ったのはいつですか?

南田　桜川駅〜大阪難波駅間は2011年。全線乗ったのは、2017年4月。先ほど話したように甲子園球場に阪神タイガース対広島東洋カープ戦を見るために足として使いました。そのときは東京駅から名古屋駅までは新幹線で行って、近鉄名古屋から近鉄特急で大阪難波まで。そこから阪神なんば線に乗りたかったから、ちょっと甲子園球場に遅れるけどって……確信犯です(笑)。そのときは阪神の車両で、なんかシェルターというか、チューブの中を走っているみたいな感じやったなあ。

徳永　西九条駅を出て、九条駅までのところですね!

南田　そうそう。あと、大物駅〜尼崎駅の間が、ジャンクションみたいになってるやん。

久野　あそこ楽しいね〜!

PROFILE

徳永 ゆうき

1995年2月20日生まれ。大阪市此花区出身。趣味は鉄道の撮影、特技は車掌のものまねと高速指パッチン、柔道の黒帯資格を持つ。奄美大島出身の祖父と両親の影響で、幼少の頃から演歌歌謡曲一直線で育ち、2012年、NHK「のど自慢チャンピオン大会2012」でグランドチャンピオンを受賞。2013年に全国デビューし、2014年9月、2ndシングル「平成ドドンパ音頭」で第56回日本レコード大賞新人賞受賞。また趣味が高じて、『友近・礼二の妄想トレイン』をはじめ鉄道関連の番組にも多数出演。

相互直通運転が始まって、奈良を身近に感じるようになりましたね(徳永)

徳永　近鉄が乗り入れるにあたって尼崎駅は大改造したんです。今は立体交差になってますけど。昔は西大阪線の線路2本と本線の線路2本がシンプルに並走してたんですよ。

久野　あそこ、ジェットコースター感があるやん。

徳永　1回上がって、車庫を見下ろす感じで尼崎駅に入っていくというね。

久野　南田さんは、行き慣れた大和西大寺駅とかに、阪神のコ（車両）がやって来るというのは、どういう気持ちですか？

南田　買い物とかで、なんば＝ミナミに行く理由がある人はたくさんいらっしゃると思うんです。でもそれだけじゃなく、このまま電車に乗っていれば奈良に行くんだという感覚を持ってもらえるのは、われわれとしてはうれしいです！

久野　では、最後に徳ちゃんから、近鉄さんに今後期待したいことを教えてください！

徳永　繰り返しになりますが、近鉄の観光特急を阪神に入線させてほしいです。低い淀川を渡る近鉄観光特急を見たいです。今、高架工事をしているので、その前に見たいですね！

久野　淀川橋梁に『しまかぜ』が走る日が来ることを願って！　今日はありがとうございました!!

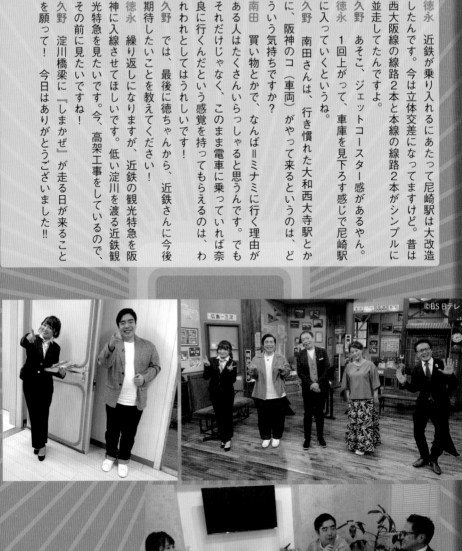

第1章

潜入!?

直撃!?

ちょっと斜めに近鉄の魅力をご案内します

平面交差は続くよ、どこまでも

ション

41基のポイントを徹底研究

大和西大寺駅

大ジャンク

「日本一の交差」と久野が目を光らせるのが、大和西大寺駅。ここではなんと41ものポイントが朝から晩までひっきりなしに動いて、列車の運行を助けています。なぜこんなに分岐が多くなったのでしょうか。そしてどんなメンテナンスをしているのか。大和西大寺駅駅長の奥谷厚則さん、工務課の神田隆利さん、西大寺保線区の藤土義則さんにお話を伺いました。

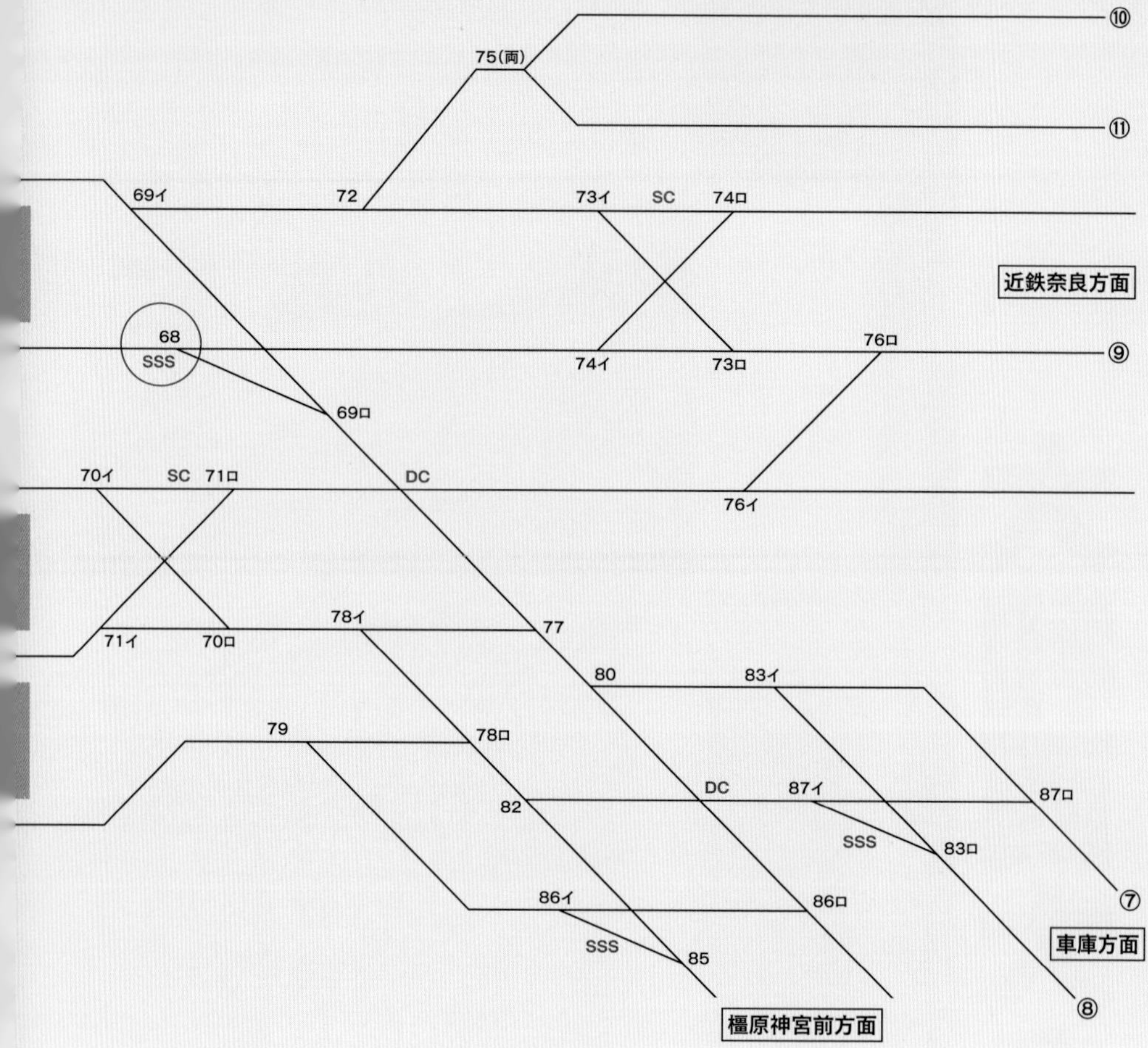

運用本数1日1300本!?

近鉄の中でも主要駅のひとつに数えられる大和西大寺駅。大阪難波、近鉄奈良、京都、橿原神宮前の4方面の電車が発着する分岐点で、ホーム内の5本の線路は駅を出ると複雑に平面交差を始めます。ホームの先端に立って見ると、何本もの線路が複雑に絡み合っているのがわかります。

運用本数1日1300本。入換を含めた平均ですが始発から最終列車、つまり朝5時から24時まで、寝てる間以外はひっきりなしに列車が走っています。多い時間帯では100本近くの電車が発着します。朝のラッシュ時は入線待ちの電車が何本も駅手前で停車し待機しています。

たくさんの電車が行き来するため、駅員さんの仕事も大変です。

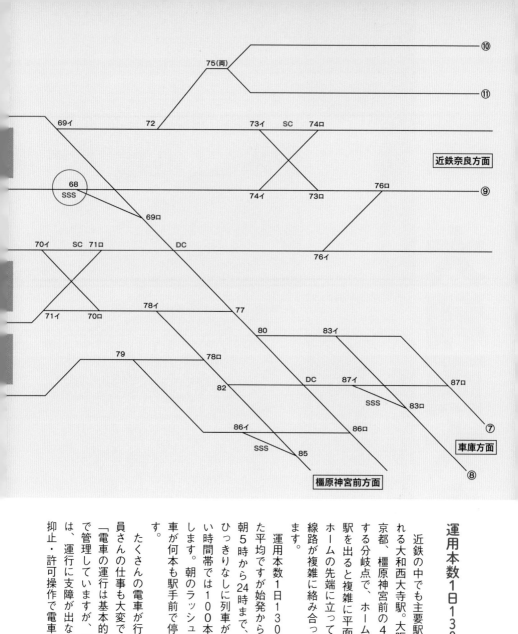

「電車の運行は基本的にコンピューターで管理していますが、発着が重なるときは、運行に支障が出ないよう信号係員が抑止・許可操作で電車の出入りを調整す

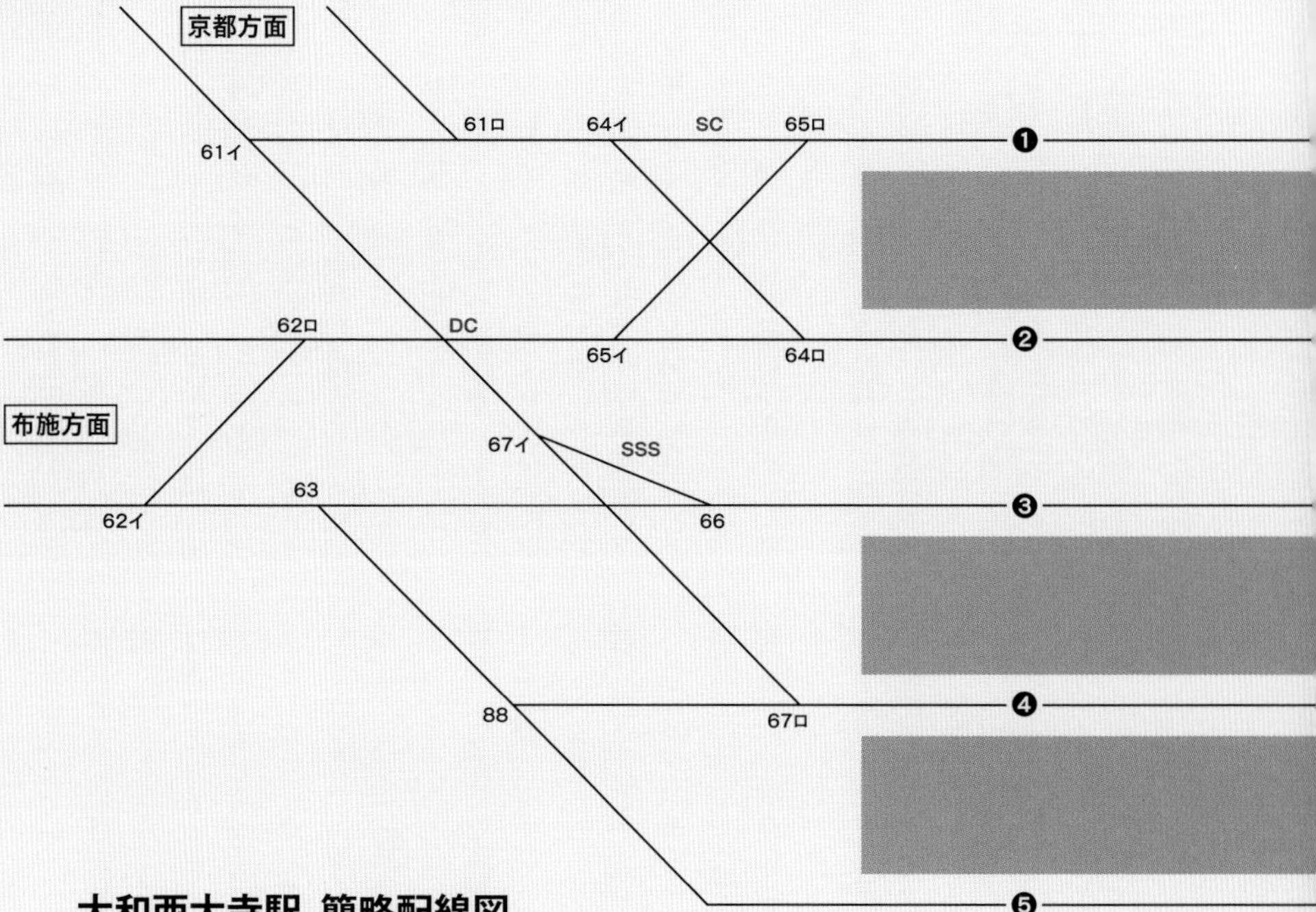

大和西大寺駅　簡略配線図

平面交差で41ものポイントがあり、コンピューターで制御しながら1日1300本もの運行を支えている。最も転換回数が多い分岐器は赤丸印のNo.68が1日約600回！

ることもあります」（奥谷さん）

間違えた電車が先にホームにきたらそれこそ大事故の原因に！　ダイヤも大幅に乱れてしまいます。駅では連結解放作業も行いますが、それを滞りなく進めることも大事です。コンピューターで管理しているなかで、実は人間による細心の注意が安全を守っていることに、そこはかとない安心とロマン、鉄道の基本はいつの時代も〝人〟であると感じます。

一方で、構内放送はできる限り、自動に任せているそうです。

「いろんなところから電車が来ますし、英語放送などもあるため、それを聞きたいお客様が聞き逃してしまうと困るからです」（奥谷さん）

多数の分岐が生まれた背景

さて、大和西大寺駅はなぜこんなに多数の分岐があるのでしょうか。その理由は、大和西大寺駅と車庫の成り立ちにありました。

こちらの駅は1914年に近鉄の前身である、大阪電気軌道の駅として開業しました。開業当初は小さな中間駅に過ぎなかったといいます。

　昭和40年ごろに駅が移転し、車庫を奈良線と並行する形で駅の東約1キロの地点に拡大させる予定でした。しかし、その予定地が平城宮跡の一部にかかることがわかったため、建設位置の変更を余儀なくされたのです。

　車庫の位置は駅を出てすぐに右にカーブした南側、現在の位置になりました。そのため、すべての駅ホームから車庫に入るためには、駅を出たあと、すぐに右の線路に移動しなければなりません。その結果、多くの分岐点が必要になったというわけです。

「こちらの構内には41基のポイントがあります」（奥谷さん）

　通常、車庫に向かう渡り線は本線の運行の妨げにならないよう、高架や地下などを経由して向かうことが多いのですが、先ほどの理由により、カーブして車庫に向かわなくてはいけないため、立体交差をさせる余裕がありませんでした。ということで、すべての線路が平面で交差することになりました。

　平面交差は列車の運行を助けるものですが、同時に列車進行を妨げる可能性もあります。たとえば、橿原神宮前方面からやってきた列車が京都方面ホームへ進入する際、ポイントの数が限られていたら、列車が進行しているときに、他の列車は動くことができません。

　しかし、41基もポイントを設置していることで、ひとつの列車が進行している場合でも、同時に出入りできるように工夫されているのです。

　さすがに41基もあると、整備も大変なのではないでしょうか。

大和西大寺駅で何かが起こったら近鉄全路線に影響してしまう。責任重大です（奥谷さん）

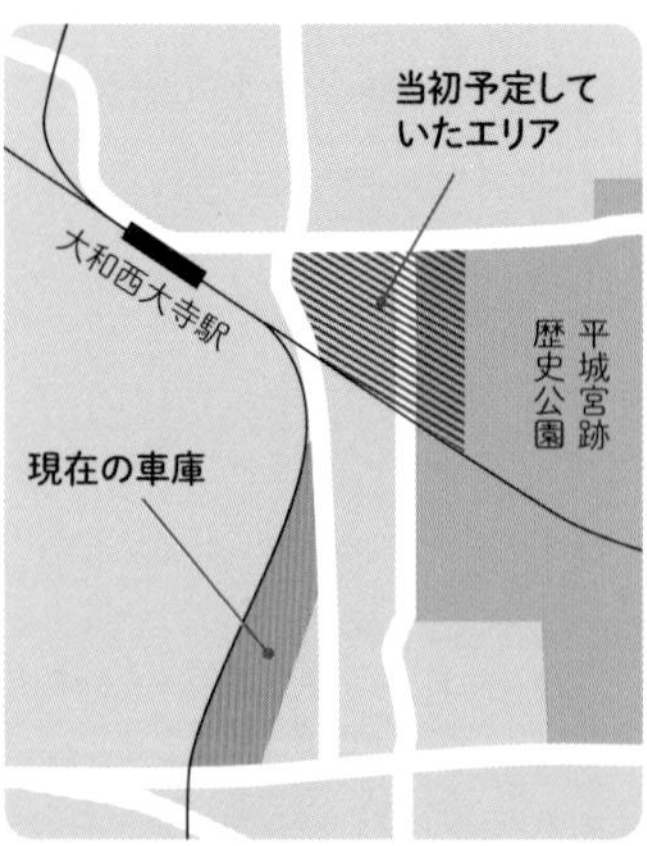

大阪統括部　運輸部
大和西大寺駅　駅長　奥谷厚則さん

大阪統括部　施設部　工務課
西大寺保線区　助役　藤土義則さん

大阪統括部　施設部　工務課
係長　神田隆利さん

「そうですね、平面交差のポイントはコンピューターで制御されているのですが、保守も大切な仕事です」（奥谷さん）

　昔は降雪時に雪を溶かすのが大変でしたが、今は電熱線が線路を通っているそう。どんどん改良されているんですね（ただ車庫への引き込み線はまだ電熱線が通っていないそうです）。現在はコンピューターで管理しているとはいえ、常にメンテナンスは欠かせません。大切なのは毎日の積み重ねです。

　ちなみに大和西大寺駅を走る列車は、近鉄線内のみならず、他の鉄道会社と相互直通運転をしていますので、どこかでトラブルが発生すると、大和西大寺駅まで影響が及びます。

「この駅は乗り入れしている路線の影響を大きく受けます。大阪難波駅でなにかがあっても、大和西大寺駅にまで影響するわけで、常に緊張感を持って無線を聴いています。そして、逆に言えば、ここで何かが起こったらすべてに影響してしまうので責任重大なんです」（奥谷さん）

日々の安全を守る保線係員

　大和西大寺駅の交差を支えるお二人にも話を聞きましょう。

　藤土さんは西大寺保線区の所属です。西大寺保線区の守備範囲は広くて、奈良線は生駒駅から奈良駅まで。橿原線は大和西大寺駅から九条駅の手前まで。京都線は全線で、けいはんな線は生駒駅から学研奈良登美ヶ丘駅。さらに生駒線・生駒鋼索線（ケーブル）も担当しています。保線とは文字通り線路を保つこと。電車の揺れを最小限に抑え、安全に走行させるため線路やポイントの点検を行っています。私たちが安全に電車に乗れるのは、保線の方々が常に安全を約束してくれるからです。

　現場の藤土さんの仕事を統括しているのが神田さんです。

　神田さんは本社の工務課に所属されています。大阪エリアの保線区は西大寺、八木、古市、東花園の４つに分かれていて、各保線区をご担当されています。

　工務課は軌道工事の予算を組んだり、どこを修理するのかなどの計画を立てたりします。社員教育も担います。

シーサースクロッシングは通常の渡り線より摩耗しやすいんです（神田さん）

　ここ最近ですと、線路の枕木を木からFFUというグラスファイバー素材やコンクリート枕木に交換されているそうです。腐らず燃えにくくて頑丈という利点があるのだとか。新幹線などでも見かける赤茶けた枕木もグラスファイバー素材のものですね。

　さて本題へ。1日に多くの列車が行き来する大和西大寺駅のポイントは、やはり保線泣かせなのでしょうか。

「大和西大寺駅の平面交差はやはり気になりますね」（藤士さん）

　ポイントの部材交換をするのは、各保線区の日頃の検査から要望がある場合だそうです。そのなかでも、ポイントは転換部分の部材が痛みますし、クロッシングは乗り移りするあたりが傷みますので、普段から意識はしているそうです。

　シーサースクロッシングが3つもあるのも大和西大寺駅の特徴です。図版ではSCと表記されX字に交差しているのがそれにあたります。

　ふたつの線の間を結ぶ線を渡り線といいます。左右それぞれの線路が相手側の線路を結ぶ場合、渡り線をふたつ交互に配したほうが振動や騒音を減らすことができるのですが、駅を出てすぐ急カーブになっているので、ふたつ設ける余裕がなかったのでしょう。SCはふたつの渡り線を×印状に交差させて、ひとつの渡り線の幅で収めることができるのですが、問題もあります。

「シーサースクロッシングはふたつの渡り線が交差している部分に隙間が多いので、通常の渡り線より摩耗しやすいんです」（神田さん）

　そもそも列車を方向転換させるトングレールなどはよくすり減りますし、亀裂ができることもあります。そのため、通常の目視はもちろん、年に1回摩耗量を測る検査があるのだとか。ここで活躍するのが、3人で押して計測する分岐器検査装置。摩耗量を測れるので、それで定期的に検査をしています。

「ポイントは安全に走行するための制限速度があります。これは分岐器の番数（交差する角度）によって、スピードの制限が変わったりします」（神田さん）。安全を守るために、いろいろな制約があるのです。

分岐器検査装置

交差と分岐のメカニズム

大和西大寺駅構内には多くのポイントと交差がありますが、それを詳しく見ていきましょう。

先ほど説明した、ふたつの渡り線がくっ付いたシーサースクロッシング（SC）。×印になっているものですね。ポイントが4つ組み合わさって、シーサースになります。

その一方でダイヤモンドクロッシング（DC）は線路の枝分かれはなく機械的システムもないので、ポイントにはカウントしません。

一方、折角交差しているのだからと、隣の線にも転線できるようにしたものがスリップスイッチで、片側だけに1つついているのが、シングルスリップスイッチと言い、SSSと書かれているものがそれです。大和西大寺駅にはありませんが、2つついているものはダブルスリップスイッチ。フィギュアスケートの技のような名前ですね。

大和西大寺駅でもっとも転換回数が多

様々な線路構造

大和西大寺駅は、多種多様な分岐器などが組み合わさって、
平面交差が実現されており、日々の安定した輸送力とスムーズな運行を支えている。

■ダイヤモンドクロッシング(DC)

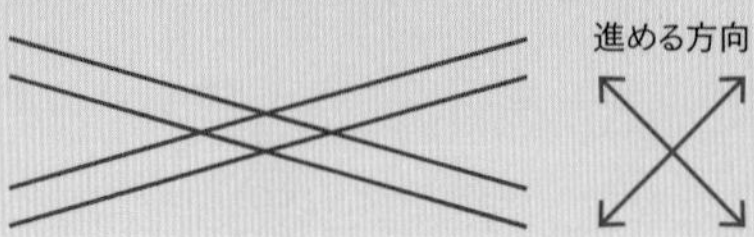

■渡り線

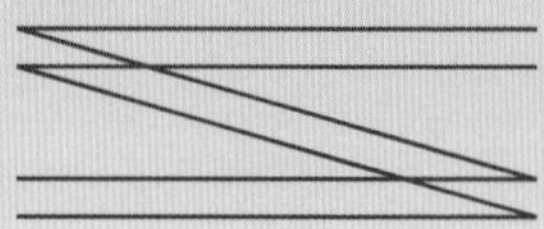

■シングルスリップスイッチ(SSS)

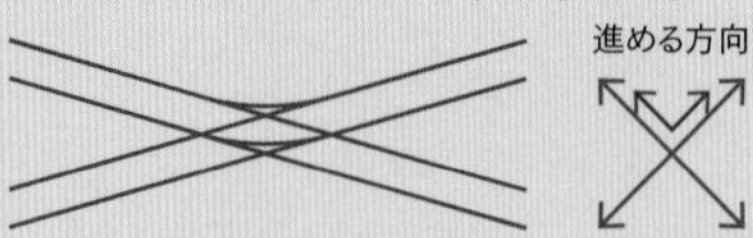

■シーサースクロッシング(SC)

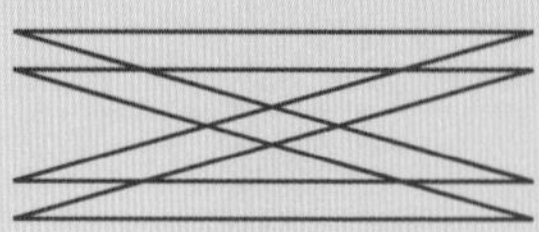

■ダブルスリップスイッチ(DSS)

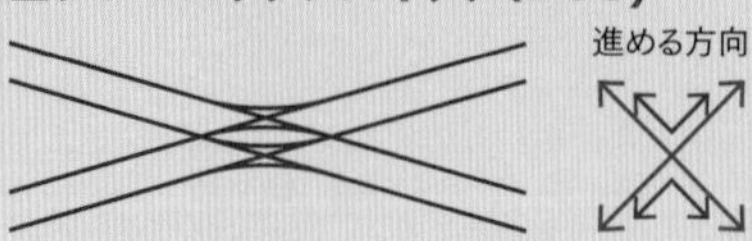

奈良方面
渡り線
シーサースクロッシング

いのが、東側の68のSSSです。ここはなんと1日600回も転換するそうで、トングレールはあっという間に擦り減ってしまいます（トングレールとは牛の舌のように、細長くて、分岐の際にこれを動かして進行方向を決定します）。トングレールは1ミリも開かないように密着させる必要がありますので、ここの検査は特に意識しているそうです。

二人に印象的なトラブルをお聞きしたのですが、「亀が挟まったことですね」（藤土さん）というコメントには思わずびっくりしてしまいました。信号が一覧で見れるモニターがあり信号が異常を検知すると、赤で点滅するのですが、見に行くと亀が挟まっていたのだとか。

亀の甲羅は硬く、また先ほどのトングレールは1ミリも開かないように密着させるので、亀が挟まるとポイントが故障を検知してしまいます。どうやら池から来た亀が挟まったようです。

「ポイントに挟まるのは、石、新聞紙、そして亀などですね。新聞紙は風に飛ばされて、挟まってしまうようです」（藤土さん）

ちなみに南大阪線の河内松原駅付近では、よく池から来た亀がポイントトラブルを起こしていたとか。線路の中に1回入ってしまうと、亀は出られません。出口がないので、慌てた亀は最後はポイントに挟まってしまいます。

「亀が通れる穴を掘ったこともあるんです」（神田さん）

吉野線の市尾駅付近でも同じように亀に悩まされていて、保線係員がポイント手前に穴を掘ったそうです。これは通称「亀テクター」と呼ばれたとか。トラブルなのでもちろん笑い事ではないのですが、亀の挟まった話をするときに、思わず笑顔になってしまう皆さんなのでした。

ポイント検査時の列車監視員は通常の倍

西大寺保線区に在籍する保線係員は47名。西大寺軌道班には、11名配置されています。皆さんが常に安心安全を担保してくれるおかげで、1日1300本もの運行が可能になっているのです。

ちなみに、大和西大寺駅ならではの安全対策といえば、月に4回の昼夜の巡視。週に1回は実施している計算になりますね。他のところは月2回なので、その倍の頻度で点検を重ね、部品の緩みなどをチェックしています。点検時も特別な注意をしているようです。特筆すべきは、列車監視の仕方です。

「通常の点検では、列車監視員が電車の来る方向に向かって1名立てばいいんです。でも、大和西大寺駅周辺のポイント検査のときは2名配置します。そうじゃないと危険ですし、できるだけ監視員にはベテランを置くようにしています」（藤土さん）

点検時、通常は3名なのですが、列車監視員を前後に2名配置し、4名で行動するそうです。

「大和西大寺駅は様々な方向から電車が来るので危険です。係員の点検中は特に列車監視員の責任は重大です」（藤土さん）

列車監視のコツは、ポイントがどちらに開いているかを意識することなのだとか。ベテランらしい熟練の技術がここで生かされるようです。

というわけで、皆さんの尽力のおかげで、大和西大寺駅では長い間ポイント故障が起こってないそうです。無故障連続記録を更新中、それはすごいことなのでは？　そうすると藤土さんは照れくさそうにこう言いました。

「かっこつけているわけではないのですが、故障はなくて当たり前なんです。そのために私たちが常に目を光らせて点検しています」

いえいえ、かっこいいですよ。本日はありがとうございました！

故障はなくて当たり前なんです（藤土さん）

ご案内いただいた皆さん、ありがとうございました！

多種多様な近鉄車両がズラリ勢ぞろい！

近畿一円を網羅する近鉄路線。その中でも、所属車両のバリエーションが豊富といえばこちらの高安検車区です。果たしてどんな車両が待っているのでしょう。助役の濱岡功次さん、技術係の永田大輔さんの案内で潜入レポートをお届けします！

案内してくださった方

大阪統括部
工機部 検車課
高安検車区 助役
濱岡功次さん

大阪統括部
工機部 検車課
高安検車区 技術係
永田大輔さん

高安検車区編

調査員・久野の潜入レポート〈その1〉

KUNO REPORT 1

高安検車区は南車庫・北車庫と分かれているのが特徴的だ。

車両の種類がとにかく豊かな高安検車区

近鉄大阪線の高安検車区には、しまかぜやひのとりなどの特急車両66両、一般車両228両に加えて、団体車や貨車も所属しており、近鉄内で大きな検車区のひとつです。そして、ここまでバリエーションに富んだ検車区は近鉄内でもトップクラス！

歴史を紐解けば、高安検車区ができたのは大正15年。駅の西側に広がる北車庫が最初にできました。やがて昭和36年には駅を出て、踏切を挟んだ南側に南車庫ができました。経済成長に伴う、輸送量の増大にともなって増設されたものですが、「これにより、踏切を挟んで南北に設置される珍しい型になりました」（濱岡さん）。高安車庫の敷地面積は、甲子園球場だと1・2個分に相当します。（京セラドームだと1・4個分です）。

北車庫と南車庫を入換する車両は、踏切を通過します。

踏切を待っている人と、運転している人の姿が見えると思いますが、運転席には青い作業着を着た方が座っています。

鉄道の運転は「本線」と「構内」で必要な資格が異なります。通常、運転士と呼ばれる人は「本線」と「構内」を運転できる「動力車操縦者運転免許」を持っています。

先ほどの作業員の方は、本線を介して車両基地や操車場の限定された区間でのみ鉄道車両を運転できる「動力車操縦者運転免許（限定）」を持っているので、運転ができます。

限定免許は2～3ヵ月近く研修し、実技試験を受けたのち取得することができます。ちなみに、通常の運転士は7～8ヵ月の養成期間が必要ですから、それと比べたらずいぶん短いですが、通常業務と並行して取得することもあり、限定免許を持っている人は限られています。選ばれしものと言えるかもしれません。免許を取得することで、会社から手当もつくそうですし、他の検車区に異動してもその免許は使えるそうです。それ以上に、「電車を運転ができることはうれしい」とお二人が目を輝かせたのが印象に残りました！

高安検車区の役割は南大阪線を除く特急車両と、大阪線で大阪上本町駅から鳥羽駅間を走る一般車両の検査および点検、清掃です。

実際に南車庫に移動して車両を見学します。

営業キロ総延長私鉄ナンバーワンの近鉄の中でも、広い範囲をカバーしている検車区とあって、並んでいる車両は実にバラエティ豊か！

アーバンライナー、伊勢志摩ライナーをはじめとにかくいろんな車両がいます。鉄道まつりではなくこれが日常風景です。まさに彩り豊かな検車区です。

技術の習得に時間がかかることも

たくさんの車両が入庫する高安検車区で働く方たちの悩み。それは車両の特性や、技術を覚えることが他と比べて大変だということ。

電気や機械系統の故障、座席の修繕など、知識と技術を習得するまでひたすら勉強します。

現在一番新しい車両はひのとりです

が、今後も新しい車両が登場するたびに知識と技術のアップデートをしなければなりません。

高安検車区に配属された新人さんは、最初の3年間は状態・機能検査班を担当します。「この検査は車両に取付されている機器を取り外さずに行う検査で、この作業を通して部品や構造に対する理解を深めていきます」（濱岡さん）。車でいう定期点検のようなものですね。

そして、しっかりと経験を積んだ4年目からは泊まり勤務になり、突発的な故障や事故対応も行います。

車両の見た目は一緒でも中身は違ったりと、とにかく特徴を覚えるのが大変ですが、ここで研鑽すれば、他の検車区へ行っても大丈夫といっても過言ではない、と皆さん胸を張ります。

さて車庫で行われる、検査の種類ですが「列車検査（ブレーキ装置、標識灯、合図装置など主要部分について外部から行う検査）」は10日を越えない期間ごとに1回。主要部分を外部から検査します。

「状態・機能検査」は三月（みつき）を越えない期間ごと、在姿状態で車両の状態および機能について検査を行います。

「重要部検査（車両を分解して動力発生装置、走行装置、ブレーキ装置などの重要な装置の主要部分について行う）」は、これまでは検修が担当していた業務ですが、高安検車区でも行うようになりました。4年あるいは60万キロ以内の走行距離で、走行装置やブレーキ装置を検査します。

そして「転削作業」では、車輪に（フラットと呼ばれる）傷が入ると音が鳴ったり乗り心地に影響があるので、定期的に転削を行っています。

「車庫の整備」も大切な仕事です。意外

と忘れがちなのですが、車体洗浄機や車輪転削盤などが故障してしまうと、お客様に迷惑がかかってしまいますから、それらの点検も欠かせません。多くの車両が入庫する、高安検車区の業務はとても多岐にわたります。

作業のデジタル化

仕事のデジタル化も進んでいます。たとえば、数年前から車両入換作業に使われるようになったのが「タブレット」です。

以前は配車係が紙に、「この列車は何番線に入庫してどの線番に留置する」という指示を書いて、係員に手渡していましたが、今はタブレットで瞬時に共有することができます。

指示された作業が終わると、タブレットの「作業完了」をタッチします。すると事務所にフィードバックされるので、車両の入換が完了したことがわかります。作業指示が迅速になり効率化も実現しました。

パンタグラフの上昇下降圧力を計測するばねばかりも、以前は目盛りが印字された、ばね式けん垂指示はかり器を使用していましたが、いまはデジタル吊りはかり器で計測しています。

「パンタグラフ上部の所定位置に吊りはかり器を引っ掛け、パンタグラフ上昇圧力と下降圧力を測定し、規定値を越えているときには圧力を調整します。今後、社員の高齢化による視力低下対策とデジタル化の推進を目的に変更されました」（濱岡さん）

高安検車区の勤務体系は状態機能検査を行っている日勤勤務と、列車検査を行う泊まり勤務の2種類があり、日勤勤務は朝8時30分から17時30分、泊まり勤務は朝8時30分から翌日の朝8時30分となっています。

たとえば、月曜日勤、火曜泊まり、水曜非番。木曜泊まり、金曜非番、土日休み。このようになります。泊まり勤務は8名で作業を行っており、最終列車が入庫して翌日の出庫準備を終えると仮眠時間になります。しかし、車両トラブルなどが発生すると調査や処置が終わるまで仮眠ができないときもあります。

泊まり勤務の際でも夜に寝ることはできますし、「泊まり勤務をすると手当も

たくさんの車両が入庫するため、技術のアップデートが常に求められます（濱岡さん）

つくのでちょっとうれしい」という永田さん。何かトラブルがあれば、すぐに出動できる準備をしています。

泊まり勤務といえば、以前の仮眠室はひとつの部屋に6名が2段ベッドで仮眠していたとのことですが、現在は個室化されており、ゆっくりと仮眠できるようになったそうです。そして寝る前は食堂でお茶を飲みながら、プライベートのこと、仕事のこと、いろんなことを話すそうです。

ただ寝ることも仕事のうち。しっかり睡眠をとることを心がけているとのこと。車庫にある検査建屋内の天井部分には車両からの熱がこもるため、夏場のパンタ点検作業では気温が40度を越えることがあり「ほぼサウナ状態」。夜になると疲れてすぐ寝てしまうとか……！　お疲れ様です。泊まり勤務明けのビールはきっと格別ですね！

車庫の仕事はどんどん進化している

さて、並んでいる車両についてもお聞きします。

やはり特急列車には強い思い入れがあるのでしょうか？　運行開始から10年経った今でも人気のしまかぜについてお聞きすると、「特急車両だけでなく、すべての車両に思い入れはありますが、しまかぜは快適さを追求した車両なので車内整備には特に気を遣っています」（濱岡さん）とのこと。

車両が出庫する前に、2名でチームとなり点検を行い、車両の清掃状態・シートや電動カーテンの動作状態・個室内にあるディスプレーの状態に異常がないかを一つひとつチェックします。快適な旅の陰には車庫の皆さんの見えない努力が

当日はご厚意でひのとりの運転席に座らせていただきました。運転士・久野、安全運転で出発進行！

故障箇所が判明して、直したときにはやりがいを感じます（永田さん）

あったのです。

　また、しまかぜのシートは本革を使用しているのですが、皆さんにとって初めての経験だったため、どうしたらシートを綺麗に保てるのかを日々研究したそうです。

「メーカーさんから薬剤の指定があったのですが、それでは思ったようにきれいにならなかったので、みんなで意見を出し合ったんです」（濱岡さん）

車体に獣害対策として「鹿笛」を装着

「市販のものを購入して、車体下にオリジナルの専用台と一緒に取り付けています」（濱岡さん）。獣害対策に絶大な効果を発揮している。

　ちなみにしまかぜで得たシート清掃の知識と経験は、ひのとりにも生かされているそうです。

　しまかぜはハイデッカー車ゆえ、ガラスが大きく清掃も大変。走行中にガラスに付着した虫などもきれいに取り除きます。しまかぜは3編成しかありませんから、トラブルがあったら運用ができなくなるという緊張感は常にあるそうです。

「鹿笛」のメンテナンスという仕事も、広大なエリアをカバーする近鉄ならではかも知れません。山間部では鹿による事故が発生するため、獣害対策として取り付けられるようになりました。

　鹿笛の仕組みは単純です。電車が走ると獣が嫌がる音が鳴り、動物は逃げていきます。

「人間の耳には聞こえない音で、実は都心部を走っているときも音が鳴っている

んです」（永田さん）

鹿笛は車体下にオリジナルの専用台と一緒に取り付けられています。笛ですので、空気が通る穴が詰まってしまうと音が出ませんから、2日に一度の頻度で、細い棒を使って中の掃除をするそうです。

鹿笛以外にも、鹿よけロープや鹿踏切などの対策を講じていますが、平成22年の設置以来、62％も事故が減ったといいますから、この小さな笛が果たす役割の大きさがわかります。

近鉄といえば、鮮魚車両「伊勢志摩お魚図鑑」のことも聞いてみましょう。

少し前までは専用列車が走っていましたが、現在は平日の朝8時45分に大阪上本町駅に到着する列車の最後部1両に専用車両が連結されています。

高安車庫の食堂でランチ。おいしかったです！

「やはり清掃ですよね。車両が故障したときに、代替えの車両を用意するなど気を遣いました」（濱岡さん）

代替車両のシートを汚したら、それ以降の運用が厳しくなりますので、座席をビニールシートで養生し、汚れなどが付かないように気を遣っています。

定期検査時も、その期間は違う車両を使うことになるので、一般車の座席を養生する際には、特に気を遣ったとか。でも、みなさんが定期的に鮮魚列車のメンテナンスをしてくれるおかげで、私たちは新鮮なお魚をいただくことができるんですよね！　心から感謝です！

最後に、濱岡さんと永田さんのお二人に仕事に対する思いを伺ってみました。

「故障車両の調査をして、じっくり探って故障している箇所が判明して、直したときはやりがいを感じます」（永田さん）

「お客様に『直してくれてありがとう』と言われたときはうれしかったですね。あとはシートの奥に落とし物をされる方が結構いらっしゃるんですが、婚約指輪を落とした方がいらして、シートを分解して必死で探しました。発見できて良かった！って思いました」（濱岡さん）

皆さん、ありがとうございました！

ご案内いただいた高安検車区の皆さん、ありがとうございました！

塩浜検修車庫は1926年に旧伊勢電気鉄道の塩浜工場として開設されたのがその始まりです。検修車庫とは文字通り車両を検査、修繕するための整備用車庫のこと。収容両数は車庫全体で29両とそこまで多くはありませんが、この検修車庫がユニークなのは多くの鉄道会社の車両が乗り入れ、検査修繕を行っている点にあります。塩浜検修職場の嶋垣裕靖さんに検修車庫をご案内いただきました。

案内してくださった方

名古屋統括部
運輸部 車両課
塩浜検修職場 職場長
藤川能孝さん

名古屋統括部
運輸部 車両課
塩浜検修職場 助役
嶋垣裕靖さん

元電気機関車(EL)
の上で記念撮影

KUNO REPORT 2

塩浜検修車庫編

調査員・久野の潜入レポート〈その2〉

3種類の軌道の車両が集まる世にも珍しい車庫

3種類のゲージの軌道があるのがわかる

飛行機の格納庫だった名残

車両修繕のプロフェッショナルが集う

塩浜検修車庫の歴史は非常に長く、大正15年に旧伊勢電気鉄道の塩浜工場として設立。第4検修場は飛行機の格納庫だったこともあるそうで、大扉を開放できるレールにその面影を見ることができます。昭和24年に移築されました。3年後に車庫ができて100年を迎えます。ここの検修車庫では近鉄の車両の定期検査は行っていないといいます。

新しい車輪は、こちらの車輪プレス機で圧入して、寸分の狂いもなく仕上げる

では、普段はどんな作業をしているのでしょうか？

「ここで行うのは主にふたつの仕事に分けられます。ひとつは近鉄の本線車両の臨時作業。車輪の取り替え、クーラー取り替え、主電動機の計画取り替え、機器の取り替えなどです」（嶋垣さん）

この日も近鉄の車両が入庫していたのですが、車輪の取り替えでした。近鉄名古屋線の車両の車輪交換はこちらで行っています。

「ふたつ目の仕事が受託作業です。四日

車両移動機はそれぞれの車庫に入線するレールに対して直角に位置し、左右にスライドするように移動する

塩浜検修車庫の概要

（1）入場車両種類

近鉄全車両（しまかぜ、ひのとりの入場実績はなし）

養老鉄道車両

保線機械車両（近鉄軌道エンジニアリングが保守を担当）

（2）両数

収容両数29両

			線番	線名	有効長	収容両数
地面積		17,483.40	線番	線名	有効長	収容両数
建屋	車庫（㎡）	5,464.60	A	台車線	48.5	−
	車庫付属（㎡）	3,379.70	B	B線	99.3	3
	計（㎡）	8,844.30	C	C線	115.7	4
容能力（両）		29	D	D線	115.7	4
収容線	全有効長（m）	1,030.0	G	仮台車線	45.0	−
	ピット長	46.7m×2本	H	工事線	45.0	2
			I		45.0	2
			J		32.0	−

市あすなろう鉄道、伊賀鉄道、養老鉄道の車両の定期検査。これらの会社路線はもともと近鉄で現在は別会社化していますが、定期検査を受託しています。また近鉄関連会社の近鉄車両エンジニアリングの仕事も兼務しておりますので、そちらでは、三岐鉄道北勢線、大井川鐵道のアプト台車の定期検査を行っています。臨時で、えちぜん鉄道の車輪取り替えを行うこともあります」（嶋垣さん）

ちなみに近鉄の中でも車輪プレス機は塩浜検修車庫と五位堂検修車庫にしかありません。いかに特殊な技術力を持った特別な場所だということがよくわかります。

2023年10月現在、塩浜検修車庫で受託している定期検査車両は79両だそうです。

こちらの係員さんは塩浜検修車庫での各機器の保守作業のほか、桑名台車振替場、上野市車庫、内部車庫、三岐鉄道の北大社車庫などに出向いて定期検査や臨時作業を行っています。

「各地への出張が多いので、所属員が全員揃うことはほとんどないですね」（藤川さん）

車両修繕のプロフェッショナルが集う――それが塩浜検修車庫なのです。

三つの軌道を扱う国内でも唯一の車両検修工場と聞いています（藤川さん）

三つの軌道がひとつに集まる稀有な場所

もうひとつの特徴として、三つの軌道が混在しているということです。

ご存知の鉄道ファンの方も多いと思いますが、鉄道の軌道（線路幅）は、1種類ではありません。新幹線の広軌（標準軌1435ミリ）、JRなどでお馴染みの狭軌（1067ミリ）、など複数の軌

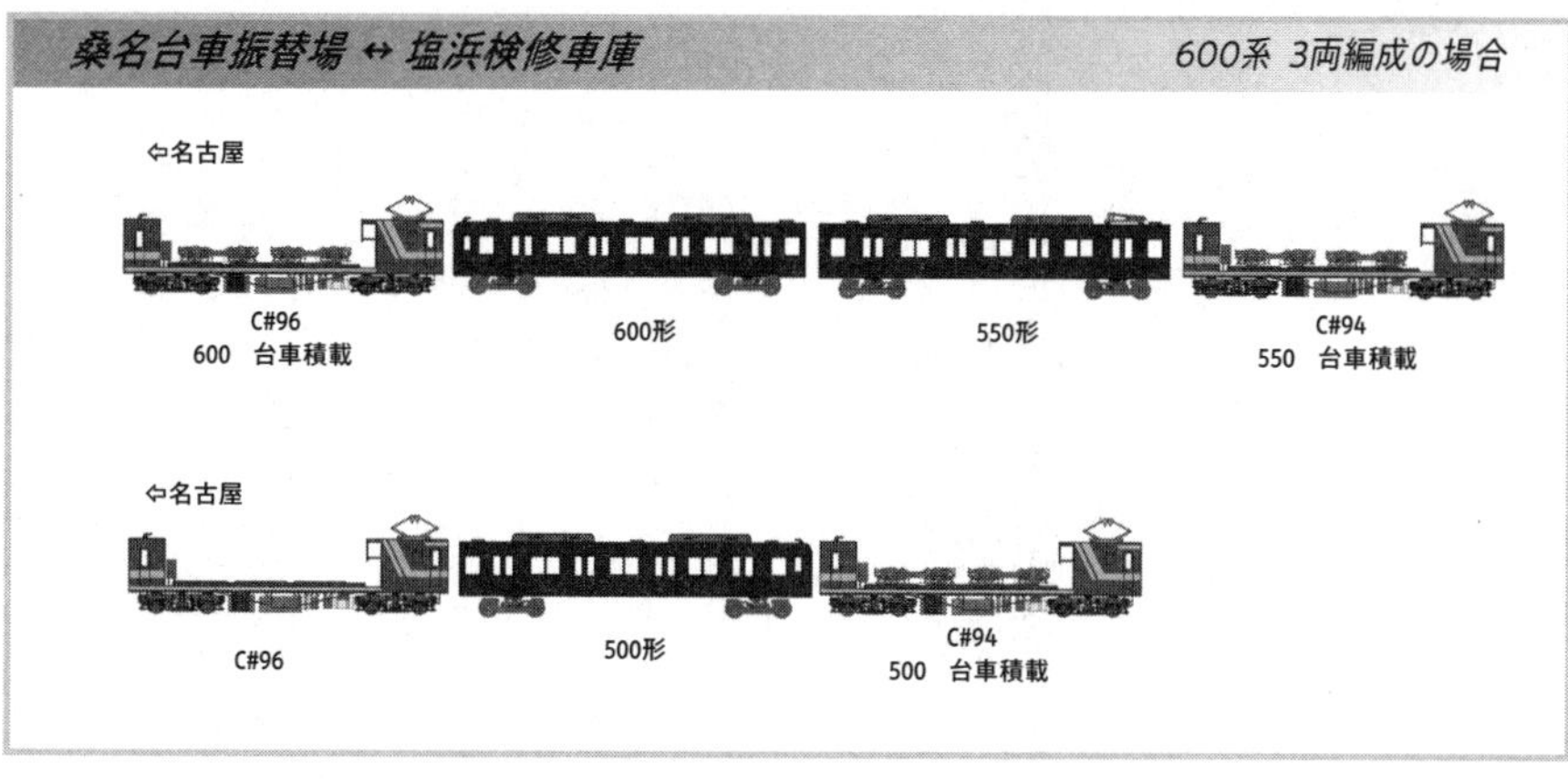

ダウントラバーサーによる台車交換の仕組み

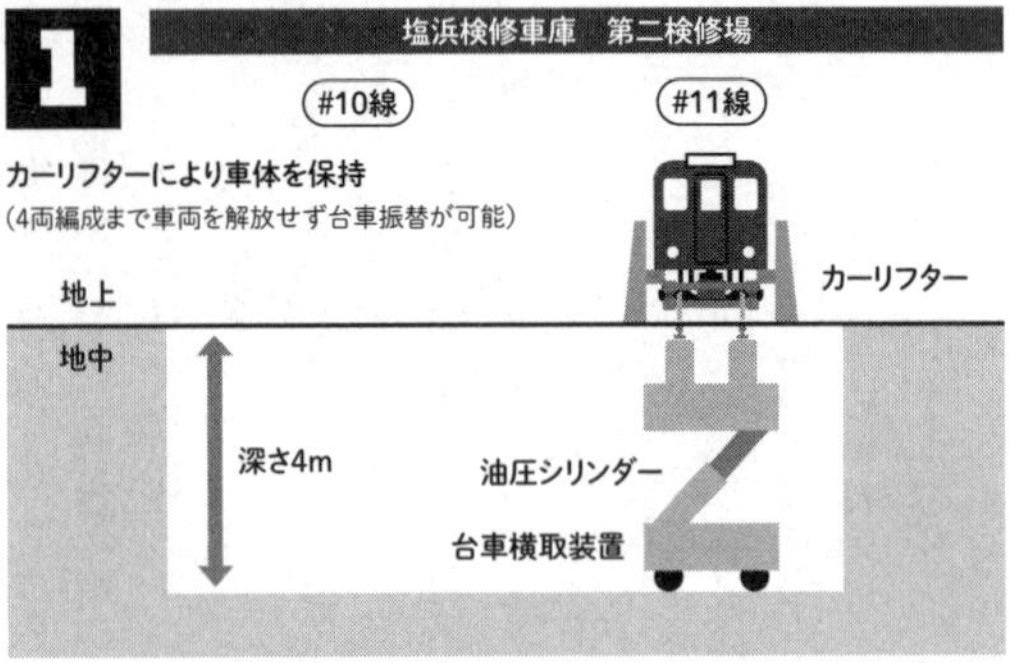

リモコンを使って操作を行う

ダウントラバーサーが下がっていく

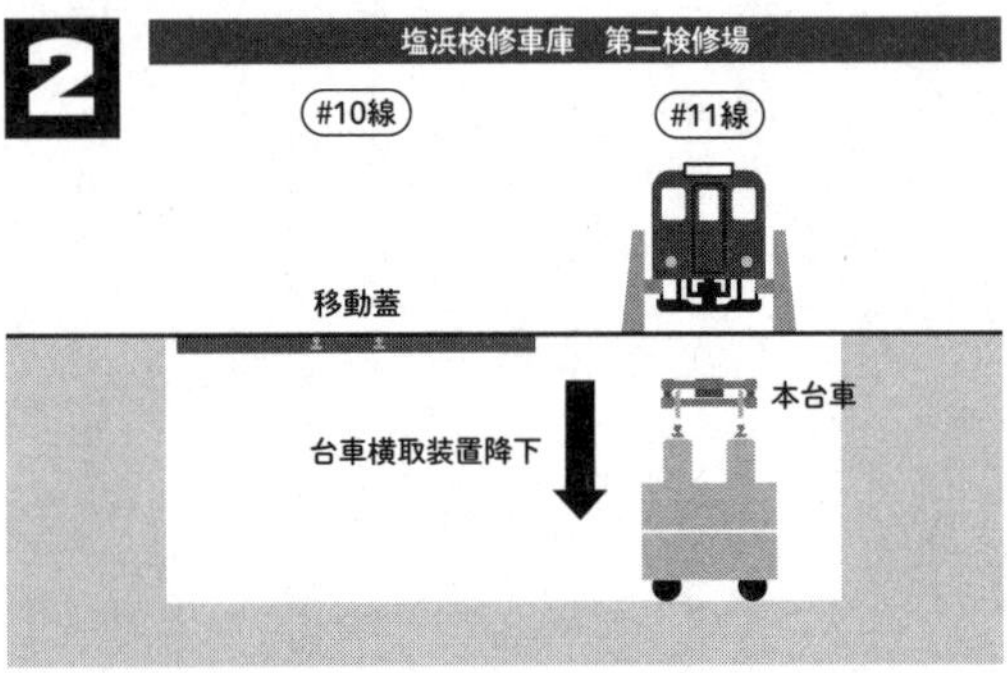

ダウントラバーサーが上昇し、台車抜き取り完了

道幅が存在します。なぜその軌道幅になったのかは鉄道会社のなりたちなどそれぞれ複雑な経緯があり、一言では説明できないのですが、各社の異なる規格ゆえ、相互乗り入れが不可能な路線も多くあります。

さて、こちらの塩浜検修車庫ですが、第3検修場の輪軸整備ラインには、軌間幅762ミリ、1067ミリ、1435ミリの3線のレールが存在しています。これは先ほどお話ししたように、こちらで取り扱っている鉄道会社の軌道幅が違うからです。

近鉄にはもともと異なる3種類の軌道幅の路線が存在しました。奈良線、大阪線、名古屋線が1435ミリの標準軌。南大阪線、吉野線、伊賀線（現・伊賀鉄道）、養老線（現・養老鉄道）などの1067ミリの狭軌。北勢線（現・三岐鉄道）、内部・八王子線（現・四日市あすなろう鉄道）は762ミリの特殊狭軌でナローゲージとも呼ばれます。

近鉄はさまざまな鉄道会社を合併した私鉄最大規模の鉄道会社ゆえ、軌道幅も一種類ではないのです。

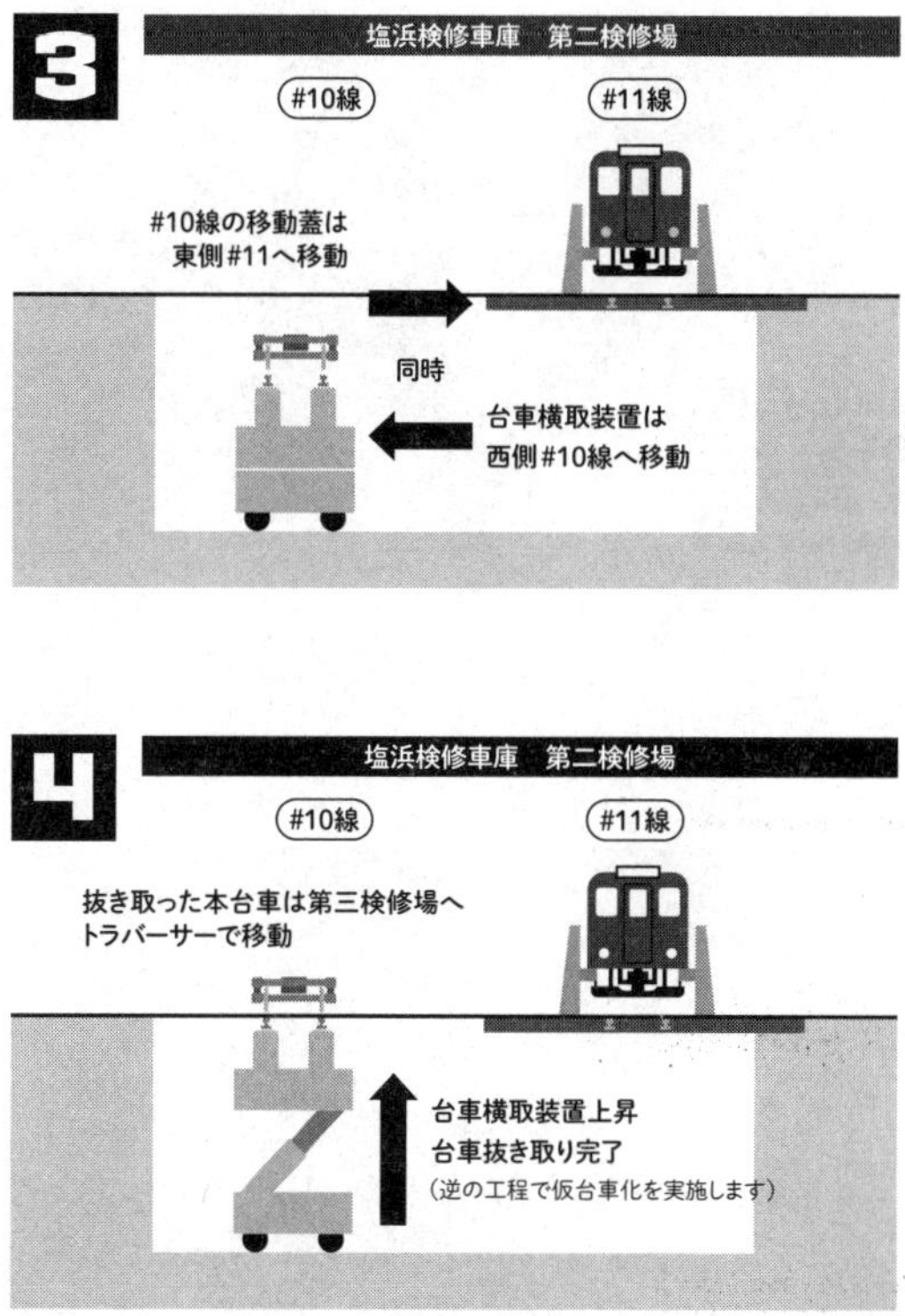
3
塩浜検修車庫　第二検修場
#10線
#11線
#10線の移動蓋は
東側#11へ移動
同時
台車横取装置は
西側#10線へ移動
4
塩浜検修車庫　第二検修場
#10線
#11線
抜き取った本台車は第三検修場へ
トラバーサーで移動
台車横取装置上昇
台車抜き取り完了
（逆の工程で仮台車化を実施します）

「三つの軌道を扱う、国内でも唯一の車両検修工場と聞いています」（藤川さん）

仮の靴をはいて塩浜検修車庫へ

では軌道が違う列車は、どうやってここまで運ばれてくるのでしょう？ その答えは「途中で台車を履き替える」です。図は養老鉄道の車両がどのように塩浜検修車庫まで運ばれてくるかという様子を表したものです。３両編成の列車は２両と１両に分けて運ばれてきます。

朝、塩浜検修車庫を出たC#94C#96電動貨車は、桑名台車振替場に着いたのち、車両を牽引して戻ってきます。

電動貨車が運んでいるのは、桑名台車振替場で取り外した、養老鉄道の車両がこれまで使っていた台車です。養老鉄道は狭軌で、名古屋線は標準軌なので、台車を交換しないと塩浜まで続く線路を走

電車は直せるけど、人間の怪我は治せませんから。ヒューマンエラーの防止と安全第一を心がけています（嶋垣さん）

①圧入されたばかりの車輪はゲージにあわせて置いて、移動させる　②四日市あすなろう鉄道の日永駅に展示されている3種のゲージのモニュメント　③久野の足幅で標準軌はこれくらい広い。さすが世界基準!

れません。塩浜検修車庫に運ばれてくるまでは輸送台車というのを履きますが、あくまで仮なのでスピードは出せません。

ちなみに運搬用の電動貨車は2両のみの運搬で、2両と1両に分割して作業も2日に分けて運びます。一度に3両運んでしまえば効率的なのではと思いますが、これはなぜでしょうか?

「電動貨車1台の荷台には、2両分の台車しか載せられないんです。そして検修車庫での解放（切り離し）や組成などの作業は1日がかりなので、2日に分けて作業するとちょうどいい時間になるんです」（嶋垣さん）

桑名台車振替場には（のちほどお話しする）ダウントラバーサーがないので、作業に時間がかかるそうです。

なお電動貨車は3両を併結して牽引可。先ほど養老鉄道は2両と1両に分けて運搬すると説明しましたが、例外もあるそうです。それは東急から譲渡された車両の場合で、3両一度に牽引して塩浜まで運んでくるのだとか！　もちろん電動貨車には2両分の台車しか載せられませんので、もう一度台車だけを取りにいく手間が生じます（涙）。

「東急の車両は車体の裾が少し大きいので車両限界を超えるため、昼間は運転できないんです。ですから、通常運行に影響のない深夜にまとめて運ぶ必要があるんです」（藤川さん）

なるほど！　ちなみに、その日の回送は徹夜作業になるそうです。

ダウントラバーサーのおかげではかどる作業

到着した列車は、けん引用の車両移動機（アント）に引っ張られ、車両移動機（トラバーサー）に載せられます。そこから塗装や吸塵などのブースに移動します。現在の車両移動機に更新されたのは平成5年。かなりのベテランですが、つい最近塗り替えたということでピカピカです。

作業のメインは台車の振替作業。台車交換は、ダウントラバーサーで編成した状態で行う方法と、カーリフターによる方法の2通りがあります。

カーリフターを使った場合は文字通り、カーリフターで車体を上昇させて台車を外します。一方のダウントラバーサーを使う場合は、車両をしっかりと固定した上で、台車のみを下げていきます。車両は台車の上に車体がのっかっているシンプルな構造なので、車体本体を固定してしまえば、台車の取り外しは比較的簡単にできるんです。

ダウントラバーサーがいかに効率的かといえば、3両編成の車両の車輪を取り替えるときも、カーリフターだとそれぞれの車両連結を解放する必要がありますが、ダウントラバーサーなら、編成をそのままに台車だけ変えられるのです。

「ダウントラバーサーは平成10年に設置されたんですが、台車に限らず、車両の中央に搭載された補助電源装置（電動発電機）なども脱着可能なんです」（藤川さん）

ダウントラバーサーは安全面でも大きなメリットがあります。車両を上昇させる危険がなくなるからです。ただ車両検査などは1台ずつバラバラにする必要があるので、カーリフターでの作業がなくなるわけではありません。

私たちに説明をしてくださったときは笑顔の皆さんでしたが、作業時は真剣そのもの。確認漏れや息が合わないことが命取りになるということもあって、常に大きな声をかけあっていました。

「電車は直せるけど、人間の怪我は治せませんから」（嶋垣さん）

多くの会社の車両の検修を手掛ける塩浜検修車庫ならではのチームワークが非常に印象に残り、貴重な取材となりました。ありがとうございました！

ご案内いただいた塩浜検修車庫の皆さん、ありがとうございました！

酒井 秀精 さん

Hideaki Sakai

← 産業医

いちばん好きな趣味の分野で仕事ができる幸せを噛みしめながら従業員の健康を守っていきたい

近鉄グループの名古屋健康管理センターに勤務する、産業医鉄の酒井秀精先生は、日々、従業員の心身の健康を守る重責を担っています。また、オタとして近鉄を追い続ける一面も。「近鉄を愛する」産業医にお話をうかがいました。

社員のこころとからだの
健康を守るドクターは、
鉄オタとしても近鉄ファン!!
どうやって、憧れの
“鉄道員（ぽっぽや）”の一員に！？
軌跡と奇跡に迫ります♪

PROFILE

酒井秀精（さかい・ひであき）
近鉄グループホールディングス近鉄グループ総合健康管理センター名古屋健康管理センター主任医長。
1957年、三重県四日市市出身。弘前大学を卒業後、三重県に戻り一般外科、消化器外科に携わる。2006年から、シャープ株式会社三重事業所で産業医として勤務。2023年3月に定年退職。同年4月より現職。

豊富な医療経験で近鉄従業員を癒す

——産業医になったきっかけを教えてください。

もともとは三重県の四日市市の生まれで、大学を出たあと地元に戻り、県内の大学病院、市中病院などをいくつかまわりました。専門は消化器外科。胃がん、大腸がん、胆石などの手術をしていたのですが、そもそも外科の仕事は労働環境も過酷で……。上司も厳しい方が多くコミュニケーションがうまくとれないこともありました。

さすがにハードワークだなと感じていた時期にシャープの工場の専属産業医の募集を見かけて、資格を持っていたので応募しました。ここがきっかけといえばきっかけですね。そこを2023年3月で定年退職。その少し前に近鉄が産業医を募っていて現在に至ります。

——近鉄グループ名古屋健康管理センターの医師であり、主任医長という肩書ですが、会社組織のなかではどういう位置づけでしょうか。

近鉄の場合は大阪と名古屋にセンターがあります。名古屋といっても四日市で、近鉄グループホールディングスの人事部が管轄しているので、直接的に近畿日本鉄道ではありませんが、ほぼ鉄道の従業員の方を診ている感じではありますね。

——具体的な業務内容を教えてください。

多少は診療もおこなっているので簡単な薬を出す場合もありますが、基本的な役割は従業員の健康管理。健康診断の数値をもとに、結果が芳しくない人に来てもらって、生活の改善を指導したり。必要であれば通院の指示を出すのがおもな業務です。

また現状はそれほど多くないのですが、メンタルケア、業務上の悩みを聞く機会もあります。仕事や、上司あるいは部下との関係がうまくいかないなどの相談ですね。その際は、本人の同意があった場合は上長にも同席してもらって対応しているので、いまのところはそれほど大きな問題にはなっていないと思います。

——ということは、臨床心理士やカウンセラーの資格をお持ちなんですね。

いえ、それはありません。ただし先ほども話したように、わたし自身が外科時代に人間関係に大変悩んだものですから、その経験を活かして社員さんの気持ちに寄り添える面はあるかと思います。

カウンセラーに関しては、前の職場（シャープ）にはいましたね。週に1回のペースできてもらって、「医療へつなげたほうがよいのでは」といったアドバイスを受けていました。最終的にはわたしが必要と判断した場合は精神科医へ紹介状を書いて通院を勧めたり、または会社側に処遇を求めたりします。

産業医とは?

「労働安全衛生法」において、常時50人以上の労働者が勤務する職場には、健康管理をおこなう産業医の選任が規定されています。会社単位ではなく事業所ごとに必要とされ、従業員数や職務内容によって人数が異なります。おもな業務は以下の4つです。①健康診断などを定期的に実施し、その結果にもとづく正しい指導で労働者の健康を保持。また作業環境の維持や管理労働者の健康維持にも努める。②健康教育など労働者の健康の保持増進を図る。③労働衛生教育。④労働者の健康障害の原因の調査および再発防止。

そういった意味では非常に助けてもらえる存在ではあるので、「カウンセラーに定期的にきてもらってはどうか」と会社へ提案を始めたところですね。

職場の安全管理も重要な職責のひとつ

――近鉄の従業員の方が心と身体に不調を抱えたら、まずは先生に相談へ行かれるんですね。

わたしがその方にとっていい方向の判断をしてあげられるように心がけています。なにより運転士さんや車掌さんの「こころとからだの健康」を守ることで、お客様の安全へとつながっていきますから。

産業医にはもうひとつ大事な仕事があって、それが職場の安全衛生管理です。電車の点検をおこなう検車区を例にすれば、工具などが散らかっていないか、コードが動線にはみ出して転倒の危険性はないか、そういった指摘をしたり、環境（空気、騒音、採光）の状態にも気を配り、作業方法、姿勢が適切かなどの判断をするのも産業医の仕事です。

――検車区をまわられるんですね。

そうですね。安全衛生委員会が定期的に開かれるので出席しています。また、職場巡視をおこなって先ほどの内容であったり、保護具を正しく着用して業務に従事しているかどうかも見ています。

――総合的な経験が求められる職務だとよくわかりました。話を従業員の方のメンタルケアに戻してうかがいたいのですが、鉄道従事者はまじめでお客さんファーストの人が多い印象です。そのぶん、お身体も壊しやすい傾向はありますか。

やはり考え過ぎて、悩んでしまう方は一定数いますね。そういう方には、上司も含めて対応します。1対1ではなかなか解決しないので。

社員さんが気持ちよく働ける環境を整える。それがわたしの仕事だと考えています。社員さんと会社側で折り合いをつけられるのはどこか。そこを探るのも役割なのかなと。

――たとえば患者さんは治ったと思い、早く職場に復帰したい。しかし先生や主治医から見れば時期尚早。このとき「もう少しかかります」と伝えるのは辛いお立場かと思いますが、それも職場の安全対策のひとつでしょうか。

そうですね。前の職場でも、主治医の先生の許可が下りたにもかかわらず、産業医がOKを出さないケースがありました。また患者さんのなかには、主治医の先生に「なんとか復帰させてほしい」と無理に頼みこむ人もいたり。だけど「いえいえ、もう少し休んだほうがいいですよ」と言うのが、わたしの立場。周りに負担をかけるからといって復帰を焦る方には、「それがかえって周りに迷惑をかけます。十分休んで復職されたほうが職場への負担にはなりませんよ」と。

コロナと同じなんですよ。職場に迷惑をかけるからと無理に出勤して、感染を拡大させてしまう。しっかり休むのが大事だという話はさせていただいています。こうしたケースで重要な役割を果たしてくれるのが、上長、上司です。「まだ休んでもらったほうがいいと思うのですが、いかがですか」と相談すると、了承いただける場合がほとんどです。「復帰するなら、以前よりも負担の少ない仕事ではどうですか」という提案もだいたい聞き入れていただいています。

近鉄の健康と安全の拠点

酒井先生が勤務する、近鉄グループ総合健康管理センター・名古屋健康管理センター。所在地は三重県四日市市。近鉄社員の健康と安全を守り続ける拠点のひとつです。大阪にも同様の施設があります。

——厳しいけれど、それが適切な判断ですね。

社員さん本人にとっては厳しくても、判断を甘くはできません。総合的に見て、みんなの利益になるようにしています。

産業医になり近鉄熱が再び上昇

——そろそろ話題を鉄道に移します。もともとお好きだったんですか。

それほどでもなかったですね。小さいころは自動車が好きで、車種や名前を覚えて言えるくらいではありました。最初に住んでいた家が近鉄の内部線（※現・四日市あすなろう鉄道）が走っているところで、「まあ、小さな電車が走ってるよね」くらいの認識。そのあと移った地域が近鉄名古屋線の沿線で、こちらも目の前を近鉄が通っていましたが、強い興味を持つことはなかったですね。

それが中学校に入ると、非常に鉄道好きな友人がいて、その彼の影響を受けて好きになっていきました。

——なるほど。中学時代はどんな楽しみ方をしていたのでしょうか。

中学校も近鉄のすぐそばだったので、走る電車を

過去の経験を活かして
社員さんの気持ちに寄り添っていきたい

見ながら「どういう形式か」「どんな特徴があるのか」。そんな話をよくしていました。その友人がとても旅好きで、ひとりであちこちに出かけては旅行記を書く。それを読ませてもらうのも楽しみでしたね。その後、進学した高校には「鉄友会」があって、そこに所属していました。

——大学は青森に行かれていますね。

ええ。その当時は国鉄で行くしかなかったのですが、ユニークな電車が少なくて。だから、帰省して近鉄に乗ると、「やっぱりいいよね」という感覚になるんです。たとえば車内の蛍光灯。ＪＲがむき出しなのに対して、近鉄は普通車でもカバーがかけられている。あとは乗り心地もそうですね。東海道新幹線も０系のころはあまりよくなくて、名古屋で近鉄特急に乗り換えると、その違いがはっきりわかる。そうやって、どんどん好きになっていった感じですね。

ただ最初に話したように、外科の医局時代は激務に追われて、鉄道どころではなくなってしまったのが正直なところで……。

——再び興味を持つようになったきっかけはなんでしょうか。

シャープの産業医を始めたのが大きかったですね。平日にも休みをとれるようになって、２０１５年の「『しまかぜ』に乗って『しまかぜ』３編成並びを撮ろうツアー」に参加できたんです。それが初めて参加したイベントで、そこで福原さんにお会いしました。久野さんとも写真を撮っていただいて、いまでも大切に残しています。そこからあらためて、どんどんハマっていきましたね。

——近鉄の魅力はどこにあると思いますか。

いろいろな車両があることでしょうね。優等車両から一般車両までバリエーションが豊富。一般車両を長く大事に使っているのもいいなあと思います。

——好きな車両はありますか。

１０１００系です。近鉄を意識し始めたころによく見かけて、カッコいいなあ、と。基本的には乗り鉄で、近鉄は河内山本駅から出ている信貴線以外はすべて乗りました。

コミュニケーションのきっかけは鉄道話

——環境が先生を「鉄オタ」に育てられたんですね。その魅力に再び気づかれて、いまは好きな職場で働かれている。幸せを感じていらっしゃいますか。

幸せだと思っています。好きな環境で人の役に立てる。健康管理センターにこられる方は近鉄の従業員なので、自分が興味のある電車の構造も、「ここはどうなっているんですか?」と質問もできます。わたし自身、鉄道好きではあるけれど、本当に好き

写真提供；福原稔浩

帰省して近鉄に乗ると「やっぱりいいよね」という感覚になるんです

な方と比べれば、まだまだなので。でもその勉強をしながらも結果として人の役に立てる。ありがたい仕事ですよね。

——社員さんとは鉄道の話もされるんですね。

しょっちゅうしています。会社には鉄道好きを公言していますので、たまに余ったグッズをくださったり。相談にこられたのに、余計な話のほうが長くなることもしばしばです。

——やはり先生の鉄道好きな一面が大きく役立っているんですね。

もちろん社員さんによりますが、共通の話題があるのはいいことだと思います。

本題の話をしているなかで、「ところで、あれどうなの?」と聞くと、リラックスしてもらえますから。時間にもそれほど追われていないので、雑談から本当の悩みを聞き出せる場合もあります。

——この仕事のやりがいや、産業医としての目標はありますか。

皆さんの役に立ちたい、力になれるようにがんばりたい。それがいちばんですね。社員さんが気分よく仕事ができる環境を整えてあげる。それが結局、安全運行にもつながると信じています。

そもそも産業医の求人は、あるときはありますし、ないときはない。前職も含めて、わたしがたまたま職場を変えるタイミングで空いていた。本当に偶然で、この運のよさは神様に感謝するしかありません。おそらく、いまの近鉄の産業医が自分の最後の仕事になると思います。もっとも好きな趣味の分野で働けていることに感謝しながら、毎日を過ごしていきたいですね。

——本日は貴重なお話をありがとうございます。では最後に、近鉄好きとして今後やってみたいことを聞かせてください。

わたしの業務範囲が名古屋統括部ですので、近畿方面に出て、五位堂検修車庫の裏を見てみたい。鉄道まつりで行く範囲ではなく、本当の裏を知りたいですね。あとは職場の目の前に、「はかるくん」がよく停まっているので、ちょっとでもかまわないから乗ってみたい。さらに贅沢をいえば運転席に入って、運転を横で見ることができれば最高ですね。

社員さんが気分よく
仕事ができる環境を整えてあげる。
それが安全運行にもつながります

担当者が激推し！

オススメの近鉄鉄道グッズ Best 4

鉄道会社のファンを増やすのが鉄道グッズです。どこの会社も売り上げを増やそうと多くのグッズを制作・開発する昨今。そんななか、近鉄は知恵をしぼり、良質なものだけを届けることにこだわっています。そこで久野がグッズ制作の担当部署の営業課を訪ね、係長の山本茂樹さんと、柴谷友一朗さんにオススメのグッズ４点を詳しく教えていただきました。

大阪統括部
運輸部 営業課 係長
山本
茂樹
さん

大阪統括部
運輸部 営業課
柴谷
友一朗
さん

みなさん
ぜひご購入ください

材料と作り方を一から教わり、それを忠実に再現し、これならOKとお墨付きをいただきました（山本さん）

カレーの密着動画は大ヒット

「私たちが自信をもってオススメしたいグッズは4つあります。まずはカレーです」

そうお話ししてくれたのは入社3年目の営業課・柴谷さん。

三重県にある名張列車区の乗務員の詰所、そこにある食堂のカレーの評判がいいということで、社員しか食べられない味を再現したレトルトカレーの販売を2022年2月に開始しました。

私もいただいたことがあるのですが、これが本当においしくてビックリ！ イベントなどで販売すると、珍しさもありすぐに売り切れてしまうとか！ カレーパワーは偉大、ということでしょうか？ すぐに続編という形で「高安列車区」のレトルトカレーも発売。こちらも大好評を得ているそうです。

「名張食堂のお父さんは当時83歳なんですが、密着動画を近鉄公式YouTubeにアップしたら、再生数がすごく伸びたんです」（柴谷さん）

『密着!! 近鉄社員を支え続ける食堂とおっちゃんと家族』と題した動画は2023年11月現在で16万回再生。これまでいろいろなマスコミが、名張食堂のお父さんへ取材の申し込みを行ったそうですが、「テレビとかは出たくない」と恥ずかしがって断っていたそうです。しかし近鉄のYouTubeだけは快諾。ある意味スクープ動画となったようです。ちなみにYouTubeにあげる動画は、近鉄の関連会社の広告代理店とチームを組んで制作しているとのことです。

カレーを販売すると、意外なところから反響がありました。

「身内ですね。乗務員が家族に食べさせるために買ったり、あるいは近鉄OBの方が懐かしんで買ってくれたり。先行販売したときに、たくさん並んだのは、社員が多かったそうです（笑）」（山本さん）

ちなみに現役の近鉄社員の方も取引先に行く際などに手土産として重宝しているとか。イベント会場では鉄道ファンの方が自分用と、そして土産としてたくさん購入していくそうです。

さて、肝心のお味はどうなのでしょう。

「製造する企業さんと一緒に名張列車区の食堂へ行って、材料と作り方を一から教えてもらいました。それを忠実に再現したものを食べていただき、これならOKとお墨付きをいただきました」（山本さん）

レシピは「企業秘密」と笑う皆さんですが「材料はぜんぶパッケージに書いてあります」とのことでした。ノスタル

高安編

名張編

Goods 1 近鉄カレー

名張車庫の食堂のカレーを再現した第1弾は、予想を上回る売り上げで大好評。これを受けて第2弾として開発されたのが高安車庫の食堂で 40 年以上愛されてきたカレー。

ジーを感じる懐かしい味のカレーです。

トレカの大会は大盛況

「ふたつ目がトレーディングカードです。今日は実物をお持ちしました」（柴谷さん）

その名も近鉄公式トレーディングカード「きんてつトレインズ!」。近鉄車両の写真がどんと載ったカードには、「スキル」「効果」といったカードゲームでお馴染みの項目があります。コレクションとしても楽しめるのですが、一定枚数を集めると、2人で遊ぶことができるのは、子どもに人気のポケモンカードなどと同じです。

鉄道のカードゲームといえば、これまでは鉄道車両の写真を使ったトランプや、既存のカードゲームに鉄道車両の写真を載せたコラボが一般的でしたが、こちらは完全オリジナルのトレカというのが画期的です。

「既存のカードを参考にしながら、近鉄がルールを作った、完全オリジナルのカードゲームなんです」（柴谷さん）。

通常のカードゲームのように、まずはカードを手元に並べてデッキと呼ばれるものを構築します（これは電車のデッキともかけているのかしら?）。第1弾が2022年7月に発売されると大反響となり、現在は第4弾まで発売されています（2023年11月現在）。

こちらのトレカは基本的には近鉄のイベントやオンラインショップで販売しているのですが、大阪難波駅の東口改札を出た売店、あるいは神保町の書泉グランデでも販売しています。販売日には大行列ができたとか。

このトレカは以前営業課に在籍していた方が、遊戯王やポケモンカードをモチーフにして作り上げたということです。その方はカードゲームマニアだったそうで、おそらくワクワクしながら作ったのでしょう！　素敵なお仕事です。

ちなみに、この企画が部内で会議にかけられたとき、上司は難色を示したとのこと。「こんなんどこがおもしろいねん」と言い放った上司に対して、若手社員たちは「これ絶対売れますよ」と説得したと……最終的にはゴーサインを出してく

ルールから近鉄が作った、完全オリジナルのカードゲームです（柴谷さん）

Goods 2

近鉄公式トレーディングカード
「きんてつトレインズ!」

売店などで1枚200円で販売。公式YouTubeでもルールを解説している。2人で遊ぶことを想定して、プレイヤーは5つの目的地（大阪・奈良・京都・三重・名古屋）を目指します。先に3つの地点に到達したほうが勝ち。なおカードは大きく車両カードとアシストカードの2種類がある。

2. ゲームの基本ルール

ゲームに必要なもの（1 人あたり）

カード（11枚～ 30 枚ほど）
プレイマットがあると便利です。

カードの配置

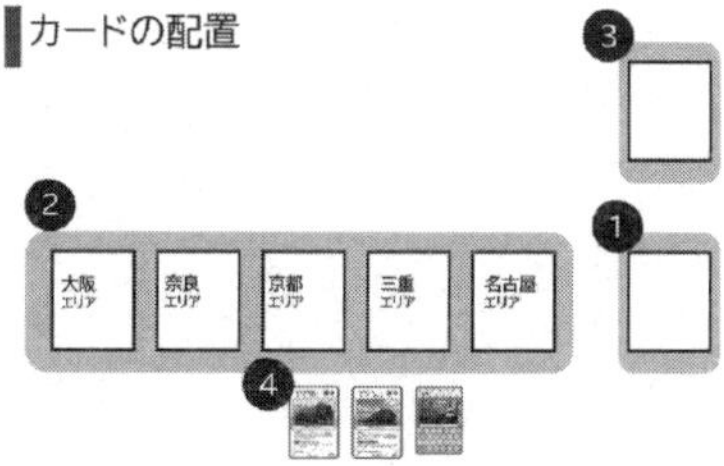

1. **山札**
カードをシャッフルし、裏向きにして置きます。

2. **場**
カードを出す場所です。左から順に「大阪」「奈良」「京都」「三重」「名古屋」エリアとなっており、車両カードは設定されたエリアにしか置けません。

3. **車庫エリア**
スキル・効果の対象となった車両カード、使い終わったアシストカードを置く場所です。表向きにして置きます。

4. **手札**
相手に見えないようにして持ちます。自分のターンに使うことができます。

進行度

車両カードの進行具合を“進行度”と呼びます。
場に出たときの進行度を「1」とし、「5」に達するとゴールとなります。
進行度は 1 ターンに 1 ずつ自動的に進みます。
他にスキルやカードで進めることが可能です。

・進行度の数え方

進行度が進むごとに、カードを反時計回りに回転させます。
進行度が「5」に達するとカードを裏返します。

ゲームの流れ

ゲームの準備

・プレイヤーの山札をシャッフルする
・先攻 / 後攻を決める
・山札からカードを 3 枚引き、手札とする

（1）先攻のターン

①車両カードを場に出す。1 ターンにつき 1 枚まで場に出すことができる。
②アシストカードを使う。1 ターンにつき 0 枚から何枚でも使用可能。
③場や手札にある車両カードのスキルを発動させる。
※①～③の順番は自由。
④ターン終了。

（2）後攻のターン

①ドロー：山札の 1 番上のカードを 1 枚引き、手札に加える。
②車両カードを場に出す。
③アシストカードを使う。
④場や手札にある車両カードのスキルを発動させる。
※②～④の順番は自由。
④ターン終了。

（3）先攻のターン

①進行度を進める。
②ドロー：山札の 1 番上のカードを 1 枚引き、手札に加える。
③車両カードを場に出す。
④アシストカードを使う。
⑤場や手札にある車両カードのスキルを発動させる。
※③～⑤の順番は自由。
⑥ターン終了。

（4）後攻のターン

(3) 先攻のターン と同じ手順で進める。

※勝敗が決するまで、交互にターンを繰り返す。

ルール詳細

・先に 3 つのエリアにゴールしたプレイヤーが勝利します。
・各プレイヤーは、それぞれのエリアに、車両カードを 1 枚までしか出せません。
・山札が 0 枚になっても、ゲームは続けます。
・同名カードは 3 枚まで山札に入れることができます。
・車両カードとアシストカードの効果がくいちがう場合、アシストカードの効果を優先します。
・一部のカードを除き、カードのスキルや効果を相手のターンに使うことはできません。
・発動させる「スキル」「効果」の対象を、その発動させるカードと同じ名称のカードとすることはできません。

*より「競技」としてお楽しみいただくために、「公式レギュレーション」もご用意しております。「近鉄グッズ販売部」からダウンロード可能です。

*「よくある質問」についても、「近鉄グッズ販売部」からダウンロード可能です。

ゴールしたカードの扱い

・ゴールしたカードは、「動かすことのできない車両カード」として扱います。
・そのため、「スキル」「効果」の対象にはなりません。
・ゴールしたカードがあるエリアに新たな車両カードを出すことはできません。

営業課で制作したオリジナルのボード。背景に近鉄特急車両が並び、テンションが上がる。

れた上司ですが、いまだにルールは全部覚えられてはいないそうです（笑）。
　そして、前任者からトレカの大役を引き継いだのが柴谷さんでした。
「人気商品だったので、是非やらせてくださいと言いました」（柴谷さん）
　これまで2回開かれた公式大会では、研究を重ね戦術を練りに練ったガチ勢がたくさん参戦したと伺いました。楽しんでいただくのが最優先の目標ではあったのですが、カードがどういう使われ方をされるのか、どういう作戦が有効なのか、あるいはルールの盲点をついた作戦があるのかなど、次回作に生かす上でも最高の検証の場となったそうです。

鉄道好きの方に喜んでもらえる時計を

　3つ目はセイコーさんとコラボした腕時計です。観光特急しまかぜのデビュー10周年を記念して、数量限定で500個の予約販売を開始したのが4月。値段は50000系だけに50000円（税込）。

　時計の特徴は横から見たときの、しまかぜの車両を再現したデザインです。上が青で、下が白、そしてゴールドのライン。秒針もゴールドになっています。

「見る角度を変えていただくと、ほんのりわかると思うんですけど、真ん中にしまかぜの顔が浮かび上がるようになっているんです」

　文字盤全体も「しまかぜ」の車体正面の輪郭や、「伊勢志摩」の海岸線をイメージした曲線模様がデザインされています。沿線愛に溢れた時計であることがわかります。

　ちなみに、柴谷さんが営業課にいらしたのは1年前。異動して最初に作りたい、と思ったグッズがこの時計だそうです。

「プレミアムな観光特急としてアピールしてきたしまかぜが10周年ということで、どこかで見たことがあるようなグッズではなく、本当にプレミアムな商品を作りたかったんです。たまたまインスタグラムを見てたら、鉄道コラボの時計を

Goods 3

しまかぜ×セイコー コラボ商品

しまかぜ運行開始10周年記念腕時計

500本限定のレアアイテム。普段使いしやすいことを念頭にスタイリッシュにデザインされているが、さりげなくしまかぜと伊勢志摩を感じられるよう、随所に工夫が詰まっている。

どこかで見たことがあるようなものではなく、本当にプレミアムな商品を作りたかったんです（柴谷さん）

見かけて、これだと思ったんですよね」

乗務員の経験もある柴谷さんは、鉄道会社だからこそできるものを作ろうと、車両の特徴だけではなく、しまかぜの目的地である伊勢志摩の景色が浮かぶエッセンスを大事にしたそうです。小さなワンポイントも英虞湾の真珠をイメージしていて、なんともかわいらしいデザインが目を惹きます。こだわりが満載で、それに気がつくとうれしくなります。

当時、所属したての柴谷さんは、一人でアポを取り、自分から東京のセイコーさんに熱意を伝えに行き、この企画を成立させたそうです。こうした行動力はどこからわいてくるのでしょう？

「やはり鉄道が好きなので、鉄道ファンの方に喜んでお求めいただけるものを作りたいという気持ちでしょうか」（柴谷さん）

人気爆発必至、パタパタ表示機

最後の４つ目は、営業課の皆さんが「間違いなく売れる」と確信を持って送り出した、ミニチュアフラップ表示機

（パタパタ）「STAR☆FLAP」（第1弾は販売終了）です。

こちらは、かつて近鉄で使われていたパタパタ表示機をミニチュア化したもので、実際に回してみると、いろんな行き先が次々に表示され、飽きることはありません。現在は、表示機自体が電子版になってるので「懐かしい」と感じるのもそうですが、それ以上に手に取ったときの質感や、パタパタを回したときの心地よい音が印象に残りました。素晴らしい完成度です。

「実際に本物のパタパタを作っている星光さんが手掛けています」（山本さん）

なるほど、パタパタと回転させたときの音は、実物を作っていたメーカーならでは。文字の印刷面もこだわっており、職人の手によりシルクスクリーン印刷で、これも本物の表示機と同じ工程を経ているそうです。

「当初の期待と比べて、そこまで売れているわけではないのですが……」と苦笑いする山本さんですが、その理由を「値段かな」と分析します。

気になるお値段は35000円（税

Goods 4 ミニチュア・反転フラップ式表示機（パタパタ）
「STAR★FLAP」 ※第1弾は販売終了しています

鉄道ファンなら誰もが目に留める「パタパタ表示」。表示機メーカー・星光が細部にわたり完全再現した至極のグッズ。試運転などのレア表示も盛りだくさんだ。

実際に本物のパタパタを作っている星光さんが手掛けています（山本さん）

込）。本物にこだわった結果、その価格になったそうですが、これを高いと感じるかどうかはあなた次第。近鉄愛を試されているような気がしました。

山本さんは常に「どうしたらもっと売れるのか」と頭を悩ませていて、SNSを含め広く発信することの必要性を感じているそうです。

グッズの売り上げはSNSの人気と比例する

「SNSのバズり方と、実際の販売の実績っていうのは大体比例していますね」（柴谷さん）

鉄道会社がプロデュースするグッズのメイン購買層はやっぱり愛好家です。しかし、それ以外の層に訴求することも売り上げに影響します。

近鉄のトレーディングカードが話題になったのは、マーケティングの視点が活かされたから。

「鉄道ファンと、カードゲームのファンは共通項があると思ったんです」（柴谷さん）

鉄道にカードゲームという要素を加え、1枚ずつ中身が見えないようランダムに封入して発売してコレクター心をくすぐるようにしました。同時に小さいお子様にもハマっていただけることも狙ったそうです。

ピンポイントのターゲティングではなくて、幅広い層まで欲張ったということですね。

実際にトレカを発売すると、小さいお子様がおじいちゃんおばあちゃんに連れられて買いに来られたそうです。ラインナップを見て「これが欲しい」「1枚だけやで」。でも、思っていたのと違うカードを引いたお子様は、不満そうな顔。「じゃあもう1回引くか」、思い通りのカードが出てお子様は満面の笑顔。カードは1枚200円ですが、売り上げよりも、ファンを増やしているという実感が湧いてきたといいます。

お客様からこんなグッズを作って、というオーダーもあるのでしょうか。

「グッズではないですが、車両を売ってくださいという問い合わせは普通にありますね。こちらの部署に来たばかりの頃、最初に掛かってきたのがそういう電話で、お客様の堂々とした話ぶりからすると話が進んでいるのかなと思ったので取り次いだら、まったく関係なかったことがあります（笑）」（柴谷さん）

仕事に燃えるお二人ですが、これまで満を持してプレゼンしたものの、ボツになった企画も教えてください。

「ないです」（山本さん）

「ないですね」（柴谷さん）

なんということでしょう！ 実はチームの上司は、近鉄ラグビー部出身で、体も声も大きく、一見強面ですがとても部下思い。お二人が一生懸命出した企画は、文句を言いながらも、結局通してくれるのだとか。部下の「本気」を感じたときは「まぁいっぺんやってみたら」と予算をつけてくれるそうです。とても素晴らしいチームですね！

　だからこそ、上司の期待を裏切れないと感じているようです。

「オリジナル企画はもちろん、コラボ商品を作るときは、相手の企業の許可取りに時間がかかるため、『今売りたい！』というタイミングに間に合わせるのが難しいので、その辺のスピード感をもっと大事にしたいです」（山本さん）

　企画立案からリリースまでは、平均して半年くらいかかるそうで、グッズが無事にできあがったときは、うれしさよりも安堵が一番に来るそうです。

　これから先、お二人はどんなグッズを作りたいのでしょうか？

「自分自身が欲しいものですね」と山本さん。それに対して、「広く受け入れられるものを作りたい」という柴谷さん。山本さんはもっと近鉄を身近に感じていただけることを念頭においているそうです。

スピード感をもっと大事にして、今後も鉄道と新しいものを掛け合わせたグッズを作りたい（山本さん）

　ということは、女子鉄向けグッズにも力を入れていただけたり？

「『しまかぜ腕時計』を作る際も、性別にかかわらずつけていただけるように、ということを前提にデザインを考えました。文字盤のデザインも大きくして使い勝手もいい。久野さんは似合うんじゃないですかね。おひとついかがでしょう？」

　山本さんも柴谷さんも、このグッズを届けたいのは鉄道ファンです、ときっぱり。ということは私もターゲットということですね（笑）。

　山本さんと柴谷さん、どちらも共通しておっしゃっているのは、ファンの裾野を広げたいということ。

「鉄道と新しいものを掛け合わせたグッズは今後も作れたらいいなと思います」

　お二人の言葉に深くうなずく久野なのでした。

　グッズ開発への熱い思いをしかと受け止め、微力ながら私もSNSなどで宣伝させていただきたいと思います。ありがとうございました！

ご案内いただいた営業課の皆さん、ありがとうございました！

近鉄の伝道師・BOSS福原に聞く！ パート1

近鉄ハツモノ8（エイト）

近鉄の伝道師である元名物広報マン・福原稔浩さんが知る、近鉄が日本で初めて導入した数々の歴史をお伺いしました。世界初の〜列車、最長〜、最古の〜など。8つのハツモノを紹介しよう。

解説・写真提供：福原稔浩
イラスト：みりめい

❶ 世界初の2階建て列車は「10000系ビスタカー」

現在では新幹線にも導入されている2階建て車両だが、1958年（昭和33年）7月に近鉄の特急電車「10000系ビスタカー」が、高速鉄道線としては世界初の2階建車両として登場。当時の近鉄社長であった佐伯勇さんがアメリカで走る2階建ての列車を見て、日本でも再現した。「10000系ビスタカー」は7両で、主に上本町駅―宇治山田駅間を走行。翌年には量産車に相当する10100系（2代目ビスタカー）も登場し、福原さんは「列車がホームに入ってきたときは鳥肌ものだった」と、その感動は今でも鮮明に覚えているほどだ。ちなみに、10100系の「特急」の

三角形のマークは取り外しができて、10kgくらいの重さがあった。現在の「ビスタEX」の先祖？

❷ 初の洋食ランチが食べられる⁉

1967年（昭和42年）に近鉄特急12000系が登場。列車でビュッフェ営業が行われ「スナックカー」と呼ばれた。その改良型増備車として、1969年に新スナックカー12200系が作られた。軽食ができるカウンターやテーブルが用意され、洋食ランチも楽しめる日本初の列車だっ

た。

❸ 初の洋式トイレ

同じくスナックカーの12200系にはもう一つの日本初がある。それは1970年（昭和45年）の大阪万博をきっかけに、訪れる外国人観光客を意識し、近鉄特急としては初の洋式トイレが設置された。12200系は伊勢神宮に参拝する皇族がご利用されたり、1975年にはエリザベス女王が来日された際に「お召し列車」としても使用されたりした。ちなみに、2021年11月に引退した12200系だが、エリザベス女王がご乗車した車両のみ残されており、現在は「観光特急あをによし」に生まれ変わって活躍している。

❹ 初の複線断面トンネル

1914年に、大阪府東大阪市と奈良県生駒市の境にある生駒山を東西に貫く生駒山を貫通させて開通したのが「生駒トンネル」。こちらも複線断面トンネルとして日本初。奈良線の孔舎衛坂駅（現在廃駅）―生駒駅間にあり、全長3388mであった。当時はほぼ人力で手で掘り進め、土砂崩れも起きていたそうだ。1964年に南側に並行した現在の「新生駒トンネル」が開通し、「旧トンネル」は使用されなくなった。ちなみに、現在近鉄で一番長いトンネルは「西青山駅―東青山駅（大阪線）」の新青山トンネルが全長5652mである。[P52路面図 A17]

❺ 日本最古の生駒ケーブル

宝山寺への参拝客を見込んで1918年（大正7年）8月29日に鳥居前駅―宝山寺駅間の0.9kmを走る宝山寺線が日本最古の営業用ケーブルカーとして開通された。開業当初の木造車両だった。香港にあるケーブルカーを参考にしたとされている。その後1929（昭和4年）に山上線宝山寺からさらに、生駒山上駅まで作られ、増設された。[P52路面図 Y17]

❻ 全車両バックシェルを採用

電車に乗ってシートで倒すときに、後ろの人に気をつかってあまり倒せない……。そう思う人は多いだろう。それをまったく気にしなくていい車両が、2020年3月に運行開始した名阪特急「ひのとり」。「移動時間をくつろぎの時間へ」とのキャッチコピー通り、一般シートからプレミアムシートまで全車両で「バックシェル」を採用した日本初の車両。「バックシェル」とは、シートを最大まで後ろに倒したとしても、背もたれが前にスライドして倒れる仕組みになっているので、後ろの人にまったく迷惑がかからない構造のシート。さらにシートピッチは130㎝と実にゆったり。大阪難波駅と近鉄名古屋駅を最速2時間5分で結ぶ。新幹線の新大阪駅―名古屋駅間の50分より倍はかかるが、「くつろぎの時間」も倍！　それならいいかも！

❼ 日本初のスーパートール

2014年3月に近鉄が、超高層ビルが、大阪阿部野橋駅に開業。「あべのハルカス」の愛称で高さは300m（60階）と、日本初のスーパートール（300mを超える建築物）。複合商業ビルで、近鉄百貨店やホテル、オフィスなどが併設され、大阪の人気観光スポットとなっている。2023年11月に東京の「麻布台ヒルズ森JPタワー」が開業され、その高さは330mと日本一高いビルの称号はなくなったものの、日本一高い〝駅ビル〟であることに変わりはない。

[P52路面図 F01]

❽ 列車公衆電話を初導入

今や携帯電話、スマホの普及で、使用したことのある人の方が少ないかもしれない「公衆電話」。昔は携帯電話すらなかった時代には電車にも「列車公衆電話」があった。近鉄が1957年（昭和32年）に特急車両（2250系・6421系）に日本で初めて設置した。上本町駅（現：大阪上本町駅）―伊勢中川駅間に通信設備を整備し、大阪市内や名古屋市内との通話が実現した。その後新幹線などに多く設置されていた。近鉄は2012年まで、最後まで設置していた新幹線も2021年に列車公衆電話サービスを終了した。現在では「車内の通話はご遠慮ください」と言われ、時代の変化を感じる。

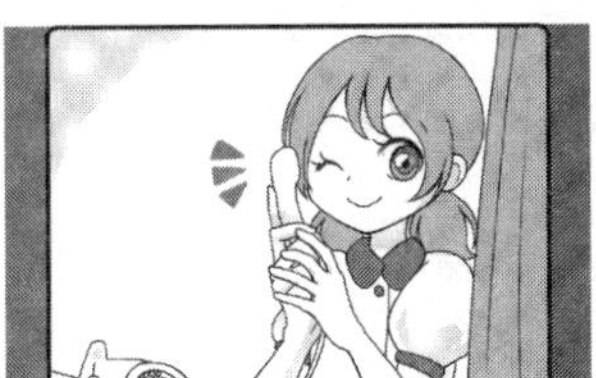

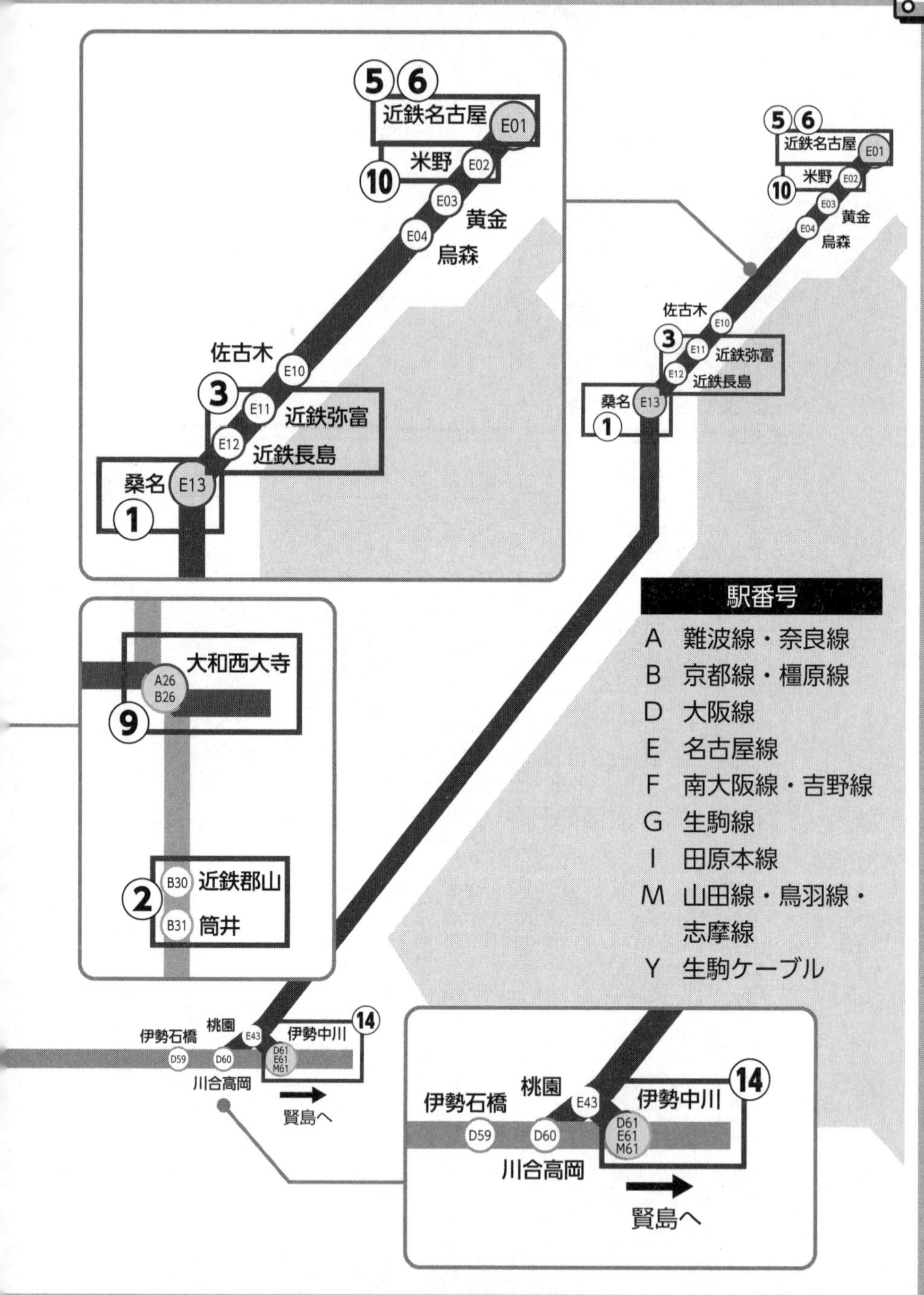

駅番号	
A	難波線・奈良線
B	京都線・橿原線
D	大阪線
E	名古屋線
F	南大阪線・吉野線
G	生駒線
I	田原本線
M	山田線・鳥羽線・志摩線
Y	生駒ケーブル

近鉄線路線図

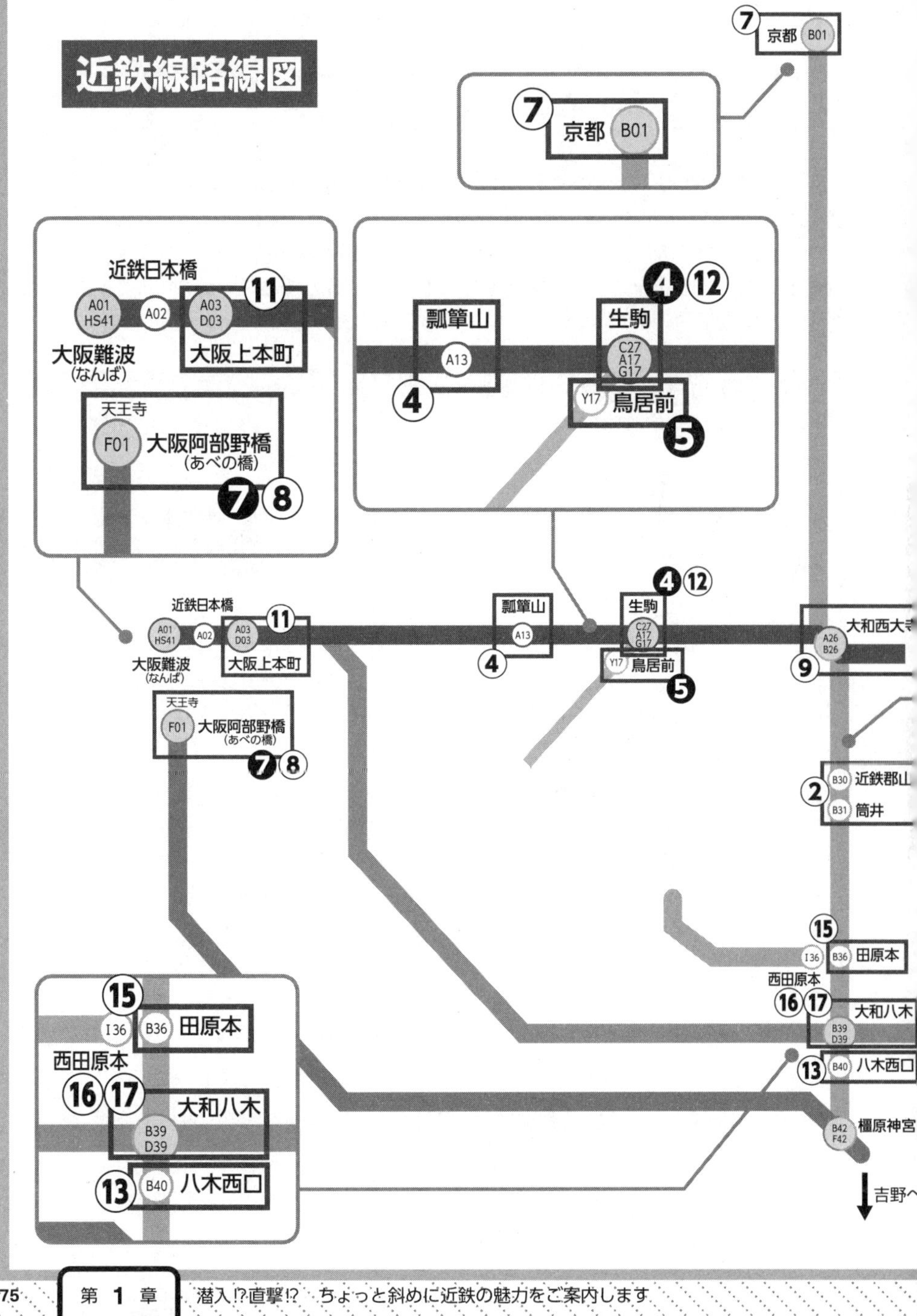

7 京都 B01
近鉄日本橋
A01 HS41 大阪難波（なんば）
A02
11 A03 D03 大阪上本町
天王寺
F01 大阪阿部野橋（あべの橋）
7 8
瓢箪山 A13 4
4 12 生駒 C27 A17 G17
Y17 鳥居前 5
大和西大寺 A26 B26 9
2 B30 近鉄郡山
B31 筒井
15 I36 B36 田原本
西田原本
16 17 大和八木 B39 D39
13 B40 八木西口
B42 F42 橿原神宮
吉野へ

近鉄の伝道師・BOSS福原に聞く！ パート2 近鉄スポットガイド

2府3県（大阪府、京都府、奈良県、三重県、愛知県）にまたがり、23路線が約500キロ近く走行する近鉄。それもそのはず、30社余りの会社が合併してできているため、謎も多い！？　近鉄を知り尽くす福原さんが「ぜひ行ってみてください！」という近鉄のいろいろなスポットをご紹介。ぜひ自分の目で見て感動を味わってください！

車窓編

①長良川橋梁から JR 関西線　[路面図 E12—E13]
②橿原線近鉄郡山駅—筒井駅間から JR 関西線　[路面図 B30—B31]
③名古屋の木曽三川（木曽川、長良川、揖斐川）[路面図 E11—E13]
④瓢箪山駅から先に広がる夜景［路面図 A13]

主な絶景解説

②電車が交差して走る

近鉄郡山駅—筒井駅間は下に関西本線が通るため、その交差地点で交わったときは興奮しますね。ここだけでなく、関西には「電車が交差して走る地点」が多くあります。そこを見つけて、交差する瞬間を見逃さないように待つ時間もワクワクして楽しいですよね。

③木曽三川

名古屋線の近鉄弥富駅—桑名駅間からの景色です。電車からの車窓、降りて川からの鉄橋とトレインビュー、上からも下からも楽しめるポイントです。

④勾配を登った先にある絶景の夜景

鉄道は通常 1 km あたり 20 mの高低差があるとスムーズに登れない。瓢箪山駅からその先の高低差は 1 k mで約 35 mの高さを上がるので、ここの線路は曲がって、曲がってカーブして登っていきます。「ここからの車窓の景色は最高です！」。大阪の夜景が一望できます。ラッシュの時間でも奈良を進行方向にして左側に立つ人が大勢おられます。天気がいいと淡路島まで見えるので夕方になると、そこに沈む夕日も抜群！　石切付近から望む夜景も最高で、私はここが一番好きです！

トレインビュー編

⑤名古屋プリンスタワーホテル	[路面図 E01]	⑧あべのハルカス	[路面図 F01]
⑥名鉄カルチャースクール	[路面図 E01]	⑨大和西大寺駅展望デッキ	[路面図 A26]
⑦都シティ近鉄京都駅ホテル	[路面図 B01]	⑩米野駅の JR 車庫と転車台	[路面図 E02]

主な絶景解説

⑤鉄道好きを寝かせないホテル1

西武系列の「名古屋プリンスタワーホテル」ですが、新幹線、在来線、もちろん近鉄も。名古屋駅の電車が全部見えます!!　貨物も走るので「泊まったのに寝かせてくれません」

⑦鉄道好きを寝かせないホテル2

電車が日本で初めて走った「京都駅」の上に建つ「都シティ近鉄京都駅ホテル」。線路を増やしてその上に建設されました。ホテルの南側には新幹線、北側には在来線が走っています。それだけに飽き足らず、京都駅は眠らない駅なので、深夜に「サンライズ」や「貨物線」が通るため、ホテルに泊まったのに寝る暇もなく、朝まで楽しめます。

近鉄の謎スポット編

⑪大阪上本町駅の謎の階段　[路面図 A03]

大阪上本町駅の1・2番ホームの奈良寄りに、未だかつて使用していない“謎の階段”がある。今はそこにフェンスがあり、一見階段があることはわからない状態になっている。本来なら、車両編成が増えたときに使用される予定の階段だったが、今のところは増える予定がないため、このまま使用させることはないだろう。

⑫現生駒トンネルの避難先は旧生駒トンネルである [路面図 A17]

現在の生駒トンネルの避難経路先は、現在封鎖させれている「旧生駒トンネル」である。並行して作られた現生駒トンネルに7本の避難通路があり、横につながっている。旧生駒トンネルは作業車用、緊急用通路として、線路はないが今もほぼそのまま残されている。長いトンネルのため、その緊急時や何かあったときに使用される。乗務員にはすごく安心材料のひとつになっている。あとは、保線工事のときに旧トンネルの中を現場近くまで移動しておいて、終電後すぐに作業に取り掛かれるメリットもある。電車の進行方向一番前に乗ると非常口の明かりが見えるかも!?

⑬八木西口駅の謎 [路面図 B39　B40]

京都から直行する奈良県の八木西口駅。実は約300mほど北に離れた「大和八木駅」の構内扱いとなっている。駅舎はそれぞれあり、中間地点には踏切もあり、名称も異なるのに、“旅客営業上は同一駅”なのだ！　橿原神宮前へつながっていた「八木駅（現在の八木西口駅の位置）」が分裂して、伊勢志摩方面につながりやすいように「大和八木駅」が作られ、それぞれの駅名となった。しかし同一構内扱いとされているのに、八木西口駅から大和八木駅間だけ電車に乗ろうと思うと「180円」かかるのでご注意を。しかも歩いたほうが早い。ちなみに「八木西口」は「大和八木」の南側にある（八木町という街の“西”に駅があるため“西口”となった）。

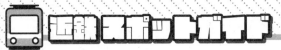

⑭伊勢中川駅でスイッチバック［路面図 D61］

大阪から来た大阪線と名古屋からの名古屋線の合流点、伊勢中川駅。昔は、伊勢中川駅でスイッチバックしてから乗り入れをしていた。もともと線路幅も名古屋線が「狭軌」で、大阪線が「標準軌」と違っていたため、ここで電車の乗り換えをしていた。しかし、伊勢湾台風（昭和 34 年の台風 15 号）で多大な被害を受けた名古屋線の復旧をきっかけに、線路幅が統一されスイッチバックできるようになった。なんと驚きなのは、その名古屋線の修繕工事を台風の被害から「わずか 9 日間」で、すべて完了したのである。それから 4 年後に、連絡線（短絡線）が作られて、スイッチバックせずにスムーズに直通できるようになった。ちなみにその連絡線は、特急でしか使われていないため、単線でできている。基本、大阪線と名古屋線の連絡は伊勢中川駅で乗り換えなければならない。

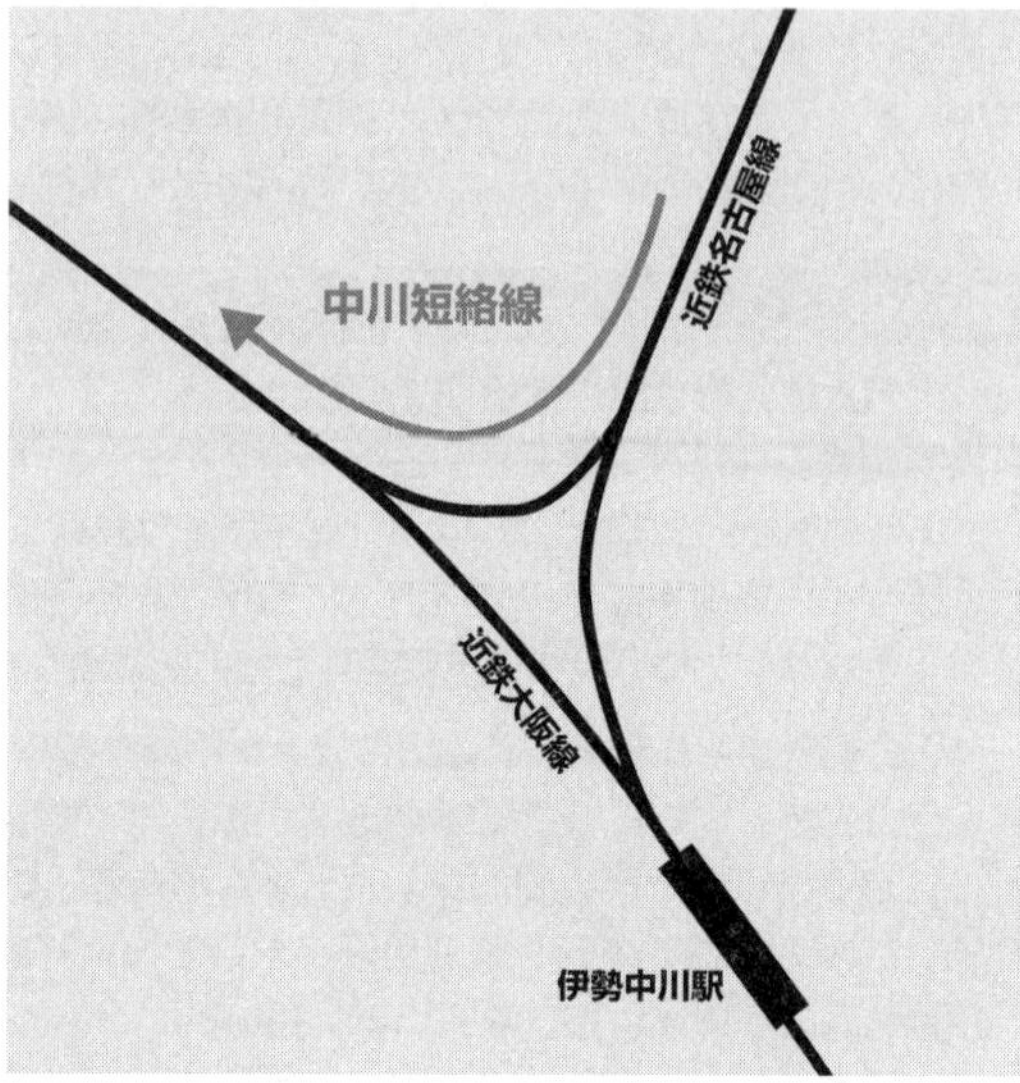

⑮田原本線連絡線［路面図 B36］

近鉄田原本線の西田原本駅は、橿原線の田原本駅とは駅前広場を挟んで隣接していて、駅構内、改札は別になっている。しかし、電車は両線間を結ぶ連絡線がある。それは田原本線には車庫がないため、西大寺検車区を利用している。そのため橿原線へ移る連絡線で移動する。戻すときは西大寺方面へ行かなくてはならないため、一旦西田原本駅（オ）に入って、営業はしていない連絡線の B からウに回って A に行き、上り線の西大寺に入っ

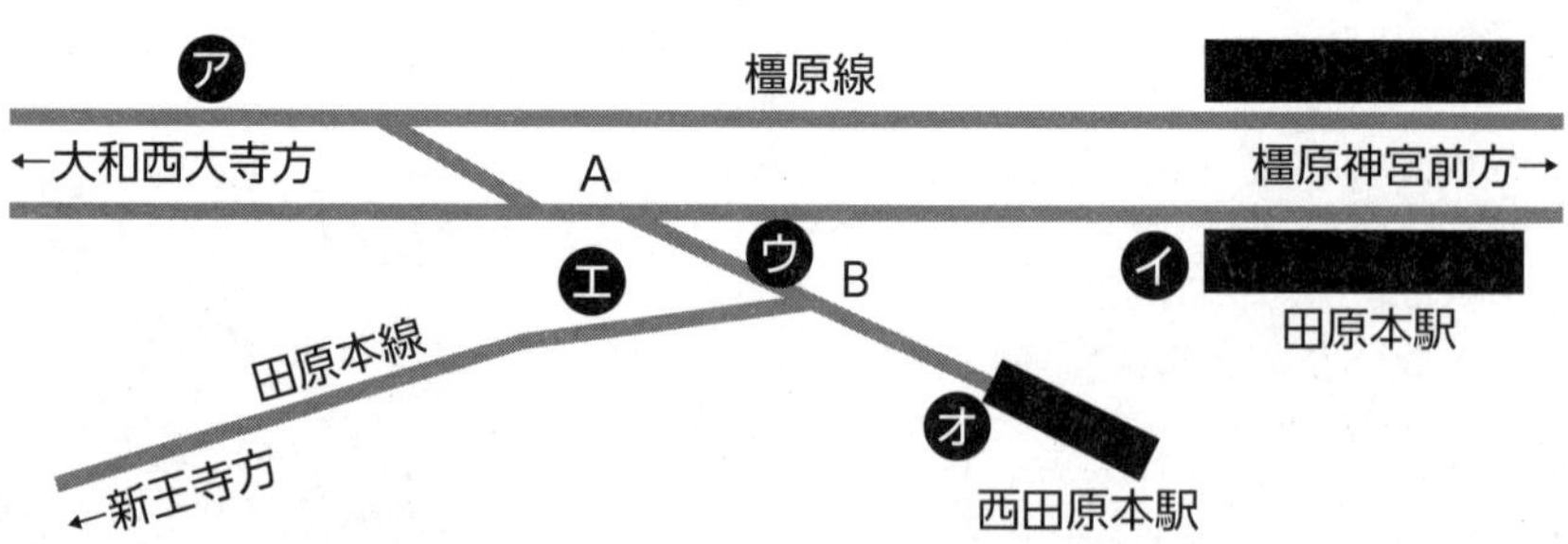

て行く。西大寺から回送列車で田原本線に入るときは（ア）から A の渡線にのり、B に入って、西田原本駅に入る。そこから営業列車（エ）で 1 日がスタートする。 連絡線とされているのは AB 間を指す。ここもまた鉄道ファンにとってはたまらないスポット。

⑯京都から伊勢志摩方面の直通特急用　[路面図 B39　B40]

近鉄の大和八木駅は、高架線上の大阪線のホームと地上の橿原線のホームがある。高低差があるため、本来であれば乗り換えが必要だが、両線を直通して京都駅と鳥羽駅・賢島駅を結ぶ特急用の「新ノ口連絡線（橿原線・大阪線連絡線）」が敷設された。これで大和八木駅で乗り換えをせずに済むようになった。臨時特急の名古屋発着の天理行き及び大和西大寺行き特急等もこの連絡線を通る。

⑰五位堂の車庫へ八木連絡線　[路面図 B39　B40]

八木連絡線

大和八木駅にはもう一つの連絡線がある。先ほど「謎」でも説明した大阪線が桜井へ延伸するにあたり、大和八木駅は現在の位置に移転し、もとの大和八木駅は八木西口駅となった。このとき旧大和八木駅（現八木西口駅）へ向かっていた本線が、そのまま「八木連絡線（大阪線・橿原線連絡線）」として利用され、廃止されずに残っている。八木連絡線は、南大阪線の五位堂検修車庫への回送経路として使用されている。１つの駅に連絡線が２つ存在するのも珍しいが、南大阪線の車両が狭軌のため標準軌の橿原線・八木連絡線を回送する際に橿原神宮前駅で台車を履き替えて、貨車で五位堂検修車庫までけん引されるのも特筆される。ここもまた撮影スポットとして人気がある。

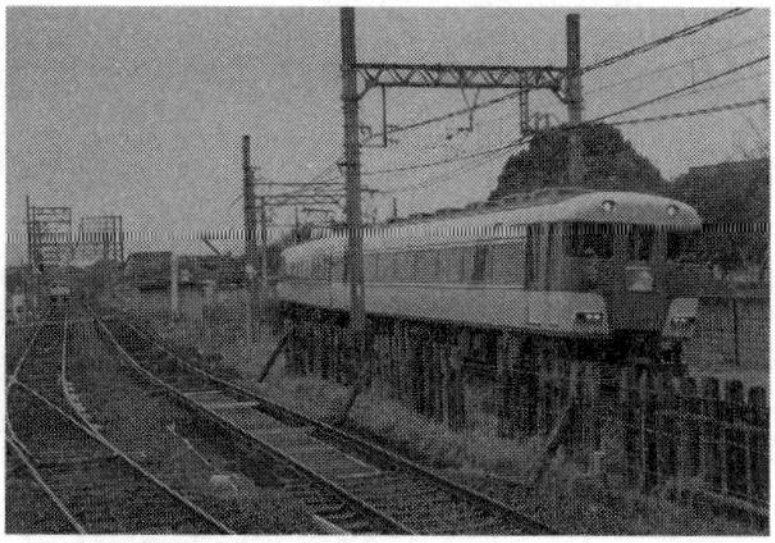

新ノ口駅連絡線

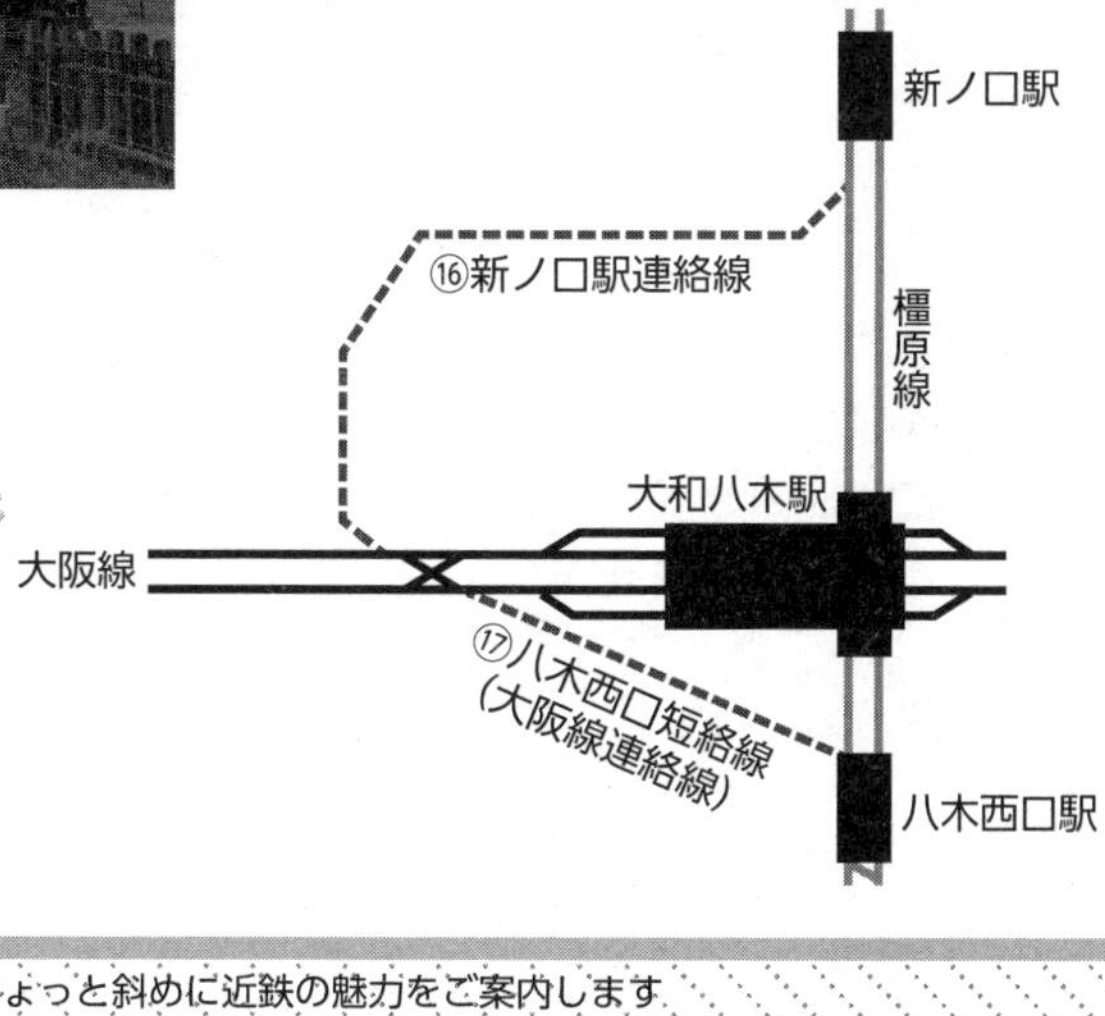

オフショット！

近鉄ファン随一の「撮り鉄」

三嶋伸一さんの写真で振り返る

近鉄沿線 春夏秋冬

趣味が高じて、さまざまなメディアに近鉄車両の写真を提供している三嶋さん。近鉄ファンなら知らない人はいない、生粋の「撮り鉄」です。その三嶋さんから、本書にたくさんの素材をいただきました。美しい作品の数々とともに、近鉄沿線の移ろいゆく四季をお楽しみください。

※三嶋さんのインタビューは 116 ページ

写真提供／三嶋伸一

Spring 春

夏
Summer

Autumn 秋

33.3

Winter 冬

観光特急

しまかぜ

南田Point

**全タイプの座席で旅をしたい、
全メニューを味わいたい
また乗りたくなる、
しまかぜには終着駅はない**

大阪・京都・名古屋から三重県の賢島駅までを運行する観光特急。「乗ること自体が楽しみとなる」列車の旅を届けるために、さまざまな設備やサービスが用意されている。座席はゆったり座れるプレミアムシート、和・洋個室、サロン席が完備。カフェ車両では人気の松阪牛カレーやスイーツなどが楽しめる。

あをによし

南田Point

**待ちにまった奈良線および
奈良への観光特急
名前に「を」を用いる日本で稀有な列車**

乗り換えなく、大阪、奈良、京都の観光都市まで運んでくれる。デザインは「奈良の和」の美しさ、尊さにこだわり、エンブレムには吉報の前兆とされる瑞鳥が花枝などを加えた、あしらいの文様を使用。4号車にのライブラリーには上質なソファシートが設置され、沿線に関する書籍を閲覧できる。

青の交響曲（シンフォニー）

南田Point

**通勤電車から驚きの大改造
ゴールドのスカートと、
小さな行き先表示にご注目！**

「上質な大人旅」をコンセプトに、歴史や文化、自然の魅力にあふれる飛鳥、吉野へと誘ってくれる。車体は濃紺をベースにゴールドのラインがあしらわれた、クラシカルな装い。ラウンジスペースの一角にはバーカウンターが設けられ、吉野を中心とした多種多様な地元の名酒を楽しめる。

特急 ひのとり

南田 Point 真紅のボディは
燃える気持ちの表れ
たくさんの人を運ぶぞ、
できることなら東京まで!?

大阪と名古屋を約2時間で結ぶ。メタリックレッド基調の先進的な外観が評価され、2020年には「グッドデザイン・ベスト100」を受賞。最大の特徴は全席に採用された「バックシェル」。席の前後間がかなり広いため、気兼ねなくリクライニングできる。

久野が運転席に潜入しました!

今回高安検車区取材時(P38参照)に、運転席に座らせていただきました。運転台周りの機器もきれいに収められていて、機能美を感じさせます。一望できる大きなガラス窓で、眺望もバツグン!

出発進行!
すっかり運転士気分で
テンションもMAX!!

さくらライナー

南田
Point

レギュラー座席の
特急料金520円に驚愕
圧巻の展望席は独占せず、
譲り合いの精神で

南大阪線と吉野線を走る。桜の名所である吉野をモチーフに、車体はさくら色にカラーリングされている。運転室後部には展望スペースを設置。さくらの花びらを模した腰掛が用意され、ワイドな画角で季節ごとの外観を楽しめる。デラックス車両の荷物棚や仕切扉には、吉野産の木材や和紙を使用。

伊勢志摩ライナー

南田
Point

ワクワクな伊勢志摩への旅を
車両全体で表現
なんちゅう大きなサロン・ツインの窓や!

大阪、京都、名古屋と鳥羽・賢島方面を結ぶ。車体の色はビビッドな「赤」と「黄」の2種類。伊勢志摩の太陽と陽射しをイメージしている。ファミリーやカップル向けのサロン席・ツイン席、織物のシートや真珠の装飾品などが施されたデラックス車両は、旅行気分をより高めてくれる。

アーバンライナー(プラス)

南田
Point

デビュー以来、大阪・名古屋間
を高速で走る超働き者
近鉄なのに白いボディで誕生した風雲児

おもに大阪難波から近鉄名古屋の間を走る。各先頭車両に設けられた展望デッキには大型曲面ガラスを設置。迫力十分の車窓風景を楽しめる。バリアフリー化が進んだ車両でもあり、車いす対応席が各車に2席ずつ用意されている。車いす利用対応可能の多目的トイレにはベビーベットも設置。

★ 南田がご案内! ★

近鉄特急車両紹介

22000系ACE

南田 Point

近鉄特急のネットワークの礎 ショートケーキにおける スポンジ的存在

ツートンカラーが目を引く近鉄特急の王道。通勤や出張、旅行など多くの用途で利用できる。特徴はゆったりとした車内空間。座席間の距離が広く、くつろぎの時間を過ごせる。フットレストも嬉しい。照明にもこだわり、天井中央の間接照明と荷棚下のグローブ灯の組み合わせが、高級感を演出する。

ビスタEX

南田 Point

年齢的には中年なのに、おじさん感まるでなし 老けないデザインは、「すごい!」の一言

4両のうち2両が2階建ての人気者。階上席は側窓に曲面ガラスを用いて高さを確保し、シートピッチを拡充。階下席には3～5名用のグループ専用席が設けられている。さらに階段出入口は天井まで吹き抜けの構造。独特の空間を味わえる。個性あふれる近鉄特急の中でも、ひときわ存在感を示す。

クラブツーリズム専用 かぎろひ

南田 Point

旅行会社専用車両という 新しい概念を構築 鉄道車両は空間であることを再確認!

国内初となる、特定の旅行会社が年間を通して使用する専用列車。教室やサロンなどの「カルチャートレイン」としても利用可能。そのため、イベントスペースやオーディオ、マイク、スピーカーが常設されている。公募で決まった「かぎろひ」は「輝く光」の意味。朝日の美しい空を表現している。

乗っていた列車の行き先が突然変わる!?

案内してくださった方

大阪統括部 運輸部
古市駅 助役
木村哲也さん

大阪統括部 運輸部
古市駅 駅長
岡端伸英さん

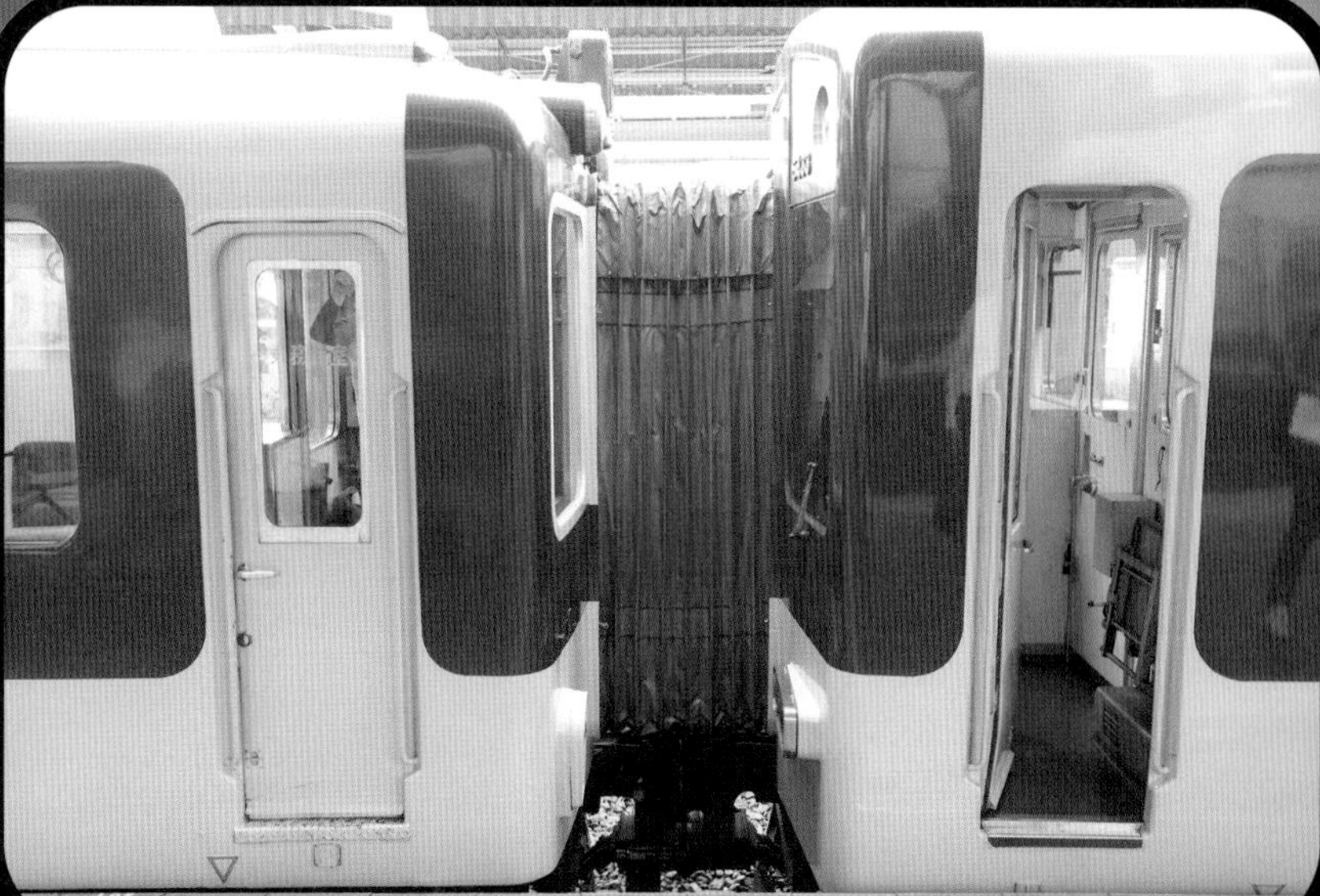

おばけ列車に遭遇できる古市駅
「連結・解放」研究レポート

南大阪線古市駅（駅番号は南大阪線がF16、長野線がO16）は、1898年に河陽鉄道として柏原駅〜道明寺駅〜古市駅間が開業。近鉄の中では最古の歴史を有する駅ですが、こちらは日中から頻繁に連結・解放が行われる駅としても鉄道ファンに広く知られています。今回はその様子と、古市駅で働く皆さんの仕事ぶりをレポートします！

連結

駅員が手信号旗で誘導して車両同士を連結。両方の前面扉を開いてから渡り板を下ろして、ストッパーを外して幌を伸ばす。その後車内に入ってスパナも使い、幌をしっかりと固定。車内を貫通させて通り抜けできるようにする。

解放

列車の到着と同時に車内へ。留め具を外して幌を畳み、前面扉にしっかりとストッパーをかけて固定する。渡り板を上げて前面扉を閉める。安全確認したのちに連結を解除。一編成から二編成へ分離させる。

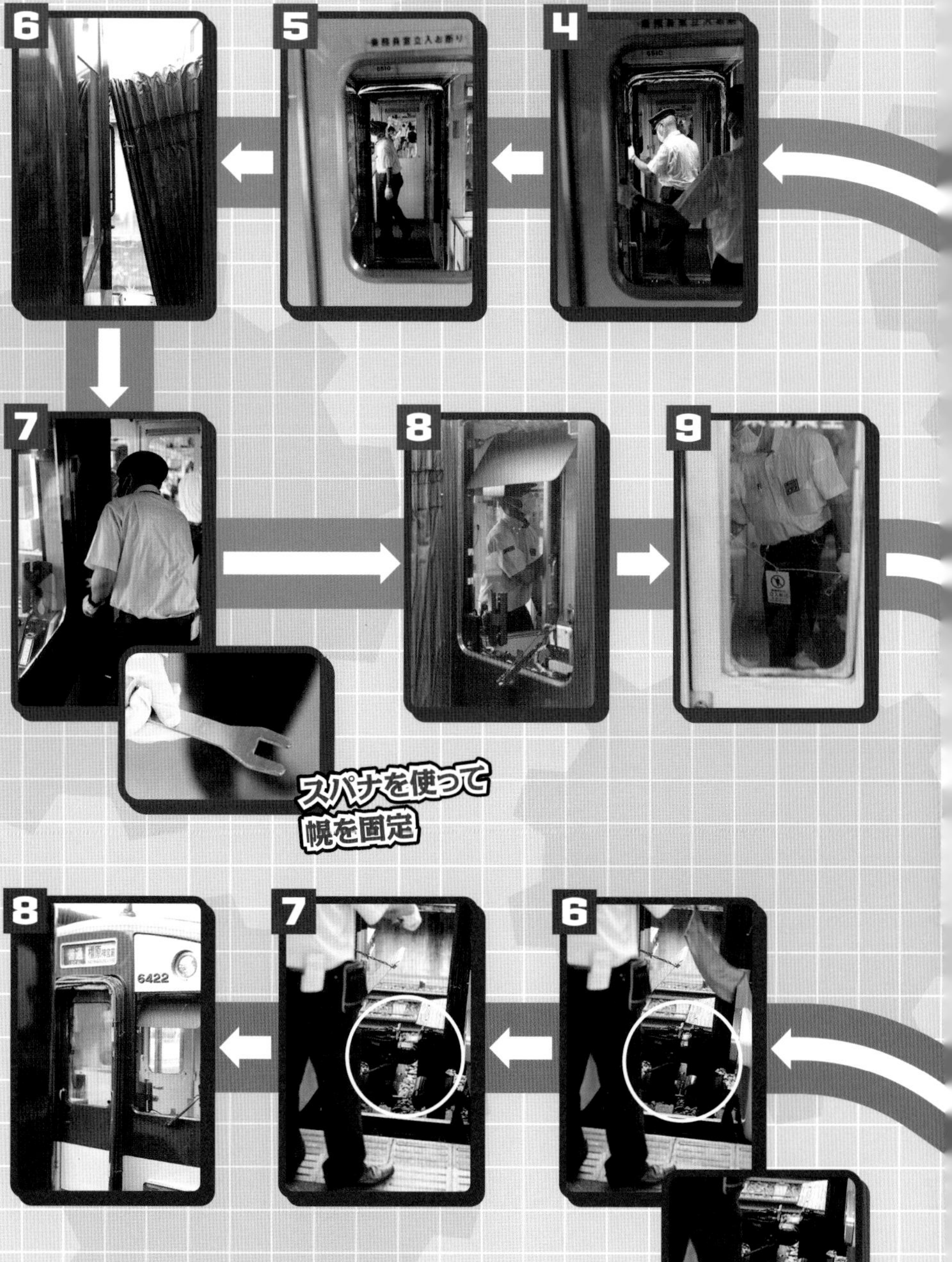
6
5
4
7
8
9
スパナを使って
幌を固定
8
7
6
6422

【下り線の先頭に改札口がある古市駅】

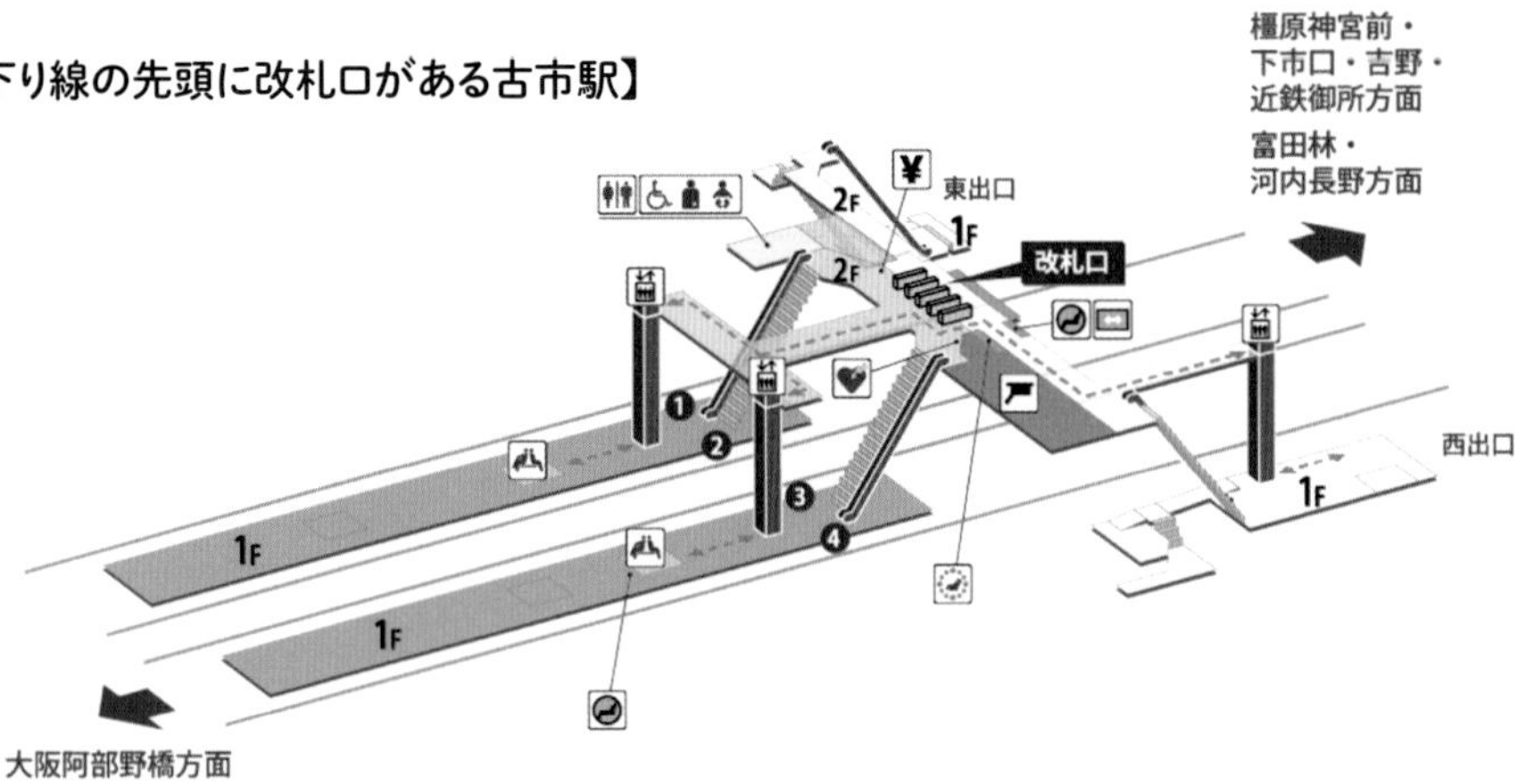

あっという間の作業に感動

この日、案内してくれたのは駅長の岡端伸英さん、助役の木村哲也さんです。

古市駅は南大阪線の主要駅です。橿原神宮前駅へ向かう南大阪線と、河内長野駅まで続く長野線の列車の発着で終日にぎわいます。

たとえば、大阪阿部野橋駅方面へ向かう電車には古市駅を境にお客様が一気に増えるそうです。それゆえ、この駅で編成を増やして輸送力の強化を図る必要があります。

同様に逆方向に向かう列車は、古市駅で解放したのち橿原神宮前駅、あるいは河内長野駅方面へ向かいます。

なぜ古市駅で「連結・解放」といった手間のかかる作業をするのか。それは橿原神宮前駅からつながる吉野線、そして河内長野駅方面の駅ホームの有効長が限られているからです。つまり古市駅に到着した8両では、その先の駅ではホームに入りきれない駅があるということ。そのため、古市駅までは8両編成でめいいっぱいお客様を運んで、そこから先は分離して運用するという手段を選んでいるのです。

さっそくその様子を見せていただきましょう！

大阪方面から列車が到着です。するとすぐさま駅員さんたちが集まり、解放作業を開始。後方2両の連結を切り離しました。要した時間は2分程度でしたから、いかにすばやい作業かがわかります。

切り離された先頭の車両が出発すると、ホームに残された2両は一旦ドアを閉めて、ホーム前方まで移動します。というのも、古市駅は下り線の先頭に駅施設があるため、逆に言うとホーム先頭からしか人の出入りがありません。したがってホーム後方に止まったままだと、その列車を利用するお客様は長い距離を歩く必要が生まれてしまいます。ということで、2両編成はゆっくりと構内を進行してホーム先頭で再度停車し、そこでお客様を乗せてから出発します。他の鉄道会社さんではあまり見かけることのないシーンですが、古市駅では当たり前の光景だと言います。

古市
F16
O16
ふるいち
Furuichi
F17 駒ヶ谷 Komagatani
O17 喜志 Kishi
道明寺 F15
Domyoji
のりかえ
F 橿原神宮前
1 2
O 河内長野 方面
P 御所 方面
For Gose
網焼き ちょっと呑み処
鶏焼き肉

ゆっくりと駅構内を進行する2両編成。解放作業を行って2両編成となった列車は古市駅のホーム後方に停車する。乗車口がそのままだとお客様はわざわざ長い距離を歩かなければならない。その負担を減らすために、列車はホーム先頭まで移動し、そこでお客様を乗せる。

連結作業では電気回路と空気配管もつなぐので、そこは特に注意します（岡端さん）

次に上りホームへ移動して、今度は連結作業を見せていただきます。

前方に止まっている大阪阿部野橋行の列車に、吉野から来た列車が後方からゆっくりと近づいてきます。駅員が手信号旗で誘導します。

「ガッシャン」

大きな音とともに列車が連結されると、すぐさま駅員の方が、ブレーキや機器の接続を確認します。同時に連結箇所を貫通させるためにそれぞれの列車の前面扉を開き、渡り板を下ろしつなぐ幌を固定します。これまた2分以内の作業ですから、見事な手際です。この日は後方からの連結でしたが、前方から列車がやってくるパターンもあると教えていただきました。

なおダイヤ変更が近くなると、沿線のお客様からのお問い合わせも増えるそうです。なぜかといえば古市駅から増結される列車には必ず座れるからです。座れなければあえて次の連結を待つお客様もいらっしゃるとか！

「古市の住宅地は人気かもしれませんね。朝はほとんどの電車が連結してますので、だいたい座れます」（岡端さん）

ラッシュ時の連結解放作業は17回

その後、何本か連結・解放作業を見学して、事務所へ移動。お二人にお話を聞かせていただきました！

――連結解放作業の、日常的な頻度というところから教えていただけますか？

「平日ダイヤの連結作業が1日49本。解放作業も同じく49本で、1日98本です。休日ダイヤは頻度が下がりまして、連結解放とも22本ずつで計44本です」

平日はやはり連結解放が多いのです

ね。ちなみに平成25年には、平日ダイヤで連結が81本、解放79本の1日160本あったそうです。その後本数は減ったものの、ダイヤや運用を上手に組み合わせて、輸送力を落とすことはありませんでした。

2分ほどで終わった連結解放の作業時間は、すべてダイヤに組み込まれています。それゆえ、少しでも早く作業を終える必要があります。

列車区の乗務員は入線した列車を運転して連結・解放する必要がありますが、車庫で訓練して、技術の習得をするそうです。

「駅員にも連結解放の研修があるんです」（木村さん）

駅にいる係員たちも大忙しです。橿原神宮前駅方面から列車が入線してくると、まず窓の掃除をします。自然豊かなところを走ってくるので、虫がついていることもあるからです。そして連結です。幌をつける作業はチームで行います。幌のストッパーを外して車両間をつなげて6ヶ所の止め金で固定します。真ん中部分はスパナを使って、しっかりと固定。走行中に離れないようにするためです。幌をつけて連結することでお客様も通り抜けできるようになります。

ちなみに最も忙しい時間帯は朝のラッシュ時。8時から9時で連結8本、解放9本を行うそうですが、連結作業は特に気を使うとか。

「連結では電気回路と空気配管もつなぎます。根本的な話ですが、特に通電されない、あるいは空気漏れなどということがあったら大変ですからね。そこは特に注意します」（岡端さん）

ミスが起これば、走らない、止まらない、ドアが開かないし閉まらないということになりかねません。最悪の事態としては、走行中に列車が分離してしまう危険だってあります。それゆえ、作業する二人の乗務員の他、助役が作業を手順通りかつ確実に行われているかをチェックします。

「連結作業はこれまでの失敗や経験があって今があります。大事なのは手順通り行うことなんです」（木村さん）

ちなみに「解放のほうが多少気は楽です」と木村さんは言いますが、やはり気は抜けません。

怖いのは解放後のドアによる挟まれ事故です。たとえば、ドラムスイッチ（前後進切り替えスイッチのこと）の取り扱いを誤ると意図しないドアの開閉が行われてしまうことがあります。まだ乗り降りされているのに突然閉まって挟んでしまったり、間違って反対側のホームのドアが開いたり……そんな危険性もあります。

手順通り、間違いなくやること。連結・解放作業で大事にしているところです（木村さん）

「扉事故が一番の大きな事故につながります。連結同様にしっかりと作業手順通り、間違いなくやっているかというところを大事にしています」（岡端さん）

おばけ列車と沿線住民の付き合い方

ところで古市駅の名物といえば「おばけ列車」です。

私も実際にその様子を見ることができました！

二番線に入ってきた河内長野駅行の準急。解放作業が行われるのですが、切り離された後ろ2両が橿原神宮前行きに変わります。先ほどまで方向幕は「河内長野」となっていたのに、気がつけば違う路線の「橿原神宮前」と表示されています。乗っていた列車が全く違う行き先になってしまうことから、通称「おばけ」と言われているのです。

おばけ列車を見られるのは多分、日本中で近鉄さんか名鉄さんぐらいでしょうか？ また間違いを防止するためにアナウンスも徹底しています。

私がちょうど古市駅まで乗ってきた準急列車もまさしくおばけ列車で、「このアナウンスが聞こえている車両は古市で橿原神宮前行きになります」と車内のアナウンスがありました。前3両とご案内されても、私が乗っているのは何両目？とすぐにわからないですから、そういう工夫はさすがだな、と感激します！

「前（車両）だけ入るのと、後ろ（車両）だけと、放送用の切り替えができるスイッチがあるんです」（岡端さん）

貫通にする理由に感動

ちなみに、連結した箇所も貫通させて通り抜けできるようにする運用は、とて

解放後に行き先が変更。
これぞおばけ列車！

も大変だと思いませんか？　その理由はなぜなのでしょう。

「南大阪線というのは2、3、4、5、6、7、8両と、いろいろな編成で運行しています。今日見ていただいたように4両編成で乗ってきて、この駅で前（進行側）に4両をつないで8両編成になる。もし前の車両のほうが空いていたら、座りたいから前に移動したいとかありますよね？　それと当然ながらお客様ご自身が降車する駅の改札に近い車両に乗車したいと思いますよね」（岡端さん）

　先ほど見せていただいた、解放した列車を改札につながる階段のある前方に移動させるのも、連結する列車も、お客様が乗り降りを終えてから前方に移動し連結作業をするのも、お客様の利便性を第一に考えた結果なのです。

「河内長野方面から来られたお客様が、橿原神宮前方面に行きたいとします。そうすると、最初から連結を前提にしてホーム前方まで行ってしまったら、お客様は80メートルほど歩かないといけません。逆のホームの列車に乗り換えのお客様だって列車に間に合わないかもしれません」（岡端さん）

　かつては連結・解放の作業時間短縮を優先して列車を止めていたこともあったそうですが、やはりお客様目線でしっかりと使い勝手の良いように改良され、今の形に落ち着いたそうです。

　古市駅での連結解放作業は、お客様への愛の証。これからも皆さんの仕事をそっと見守らせていただきたいと思います。

近鉄
企画統括部
波多野哲也 さん

2024年誕生、新型一般車両

内装インテリアへのこだわりと思い

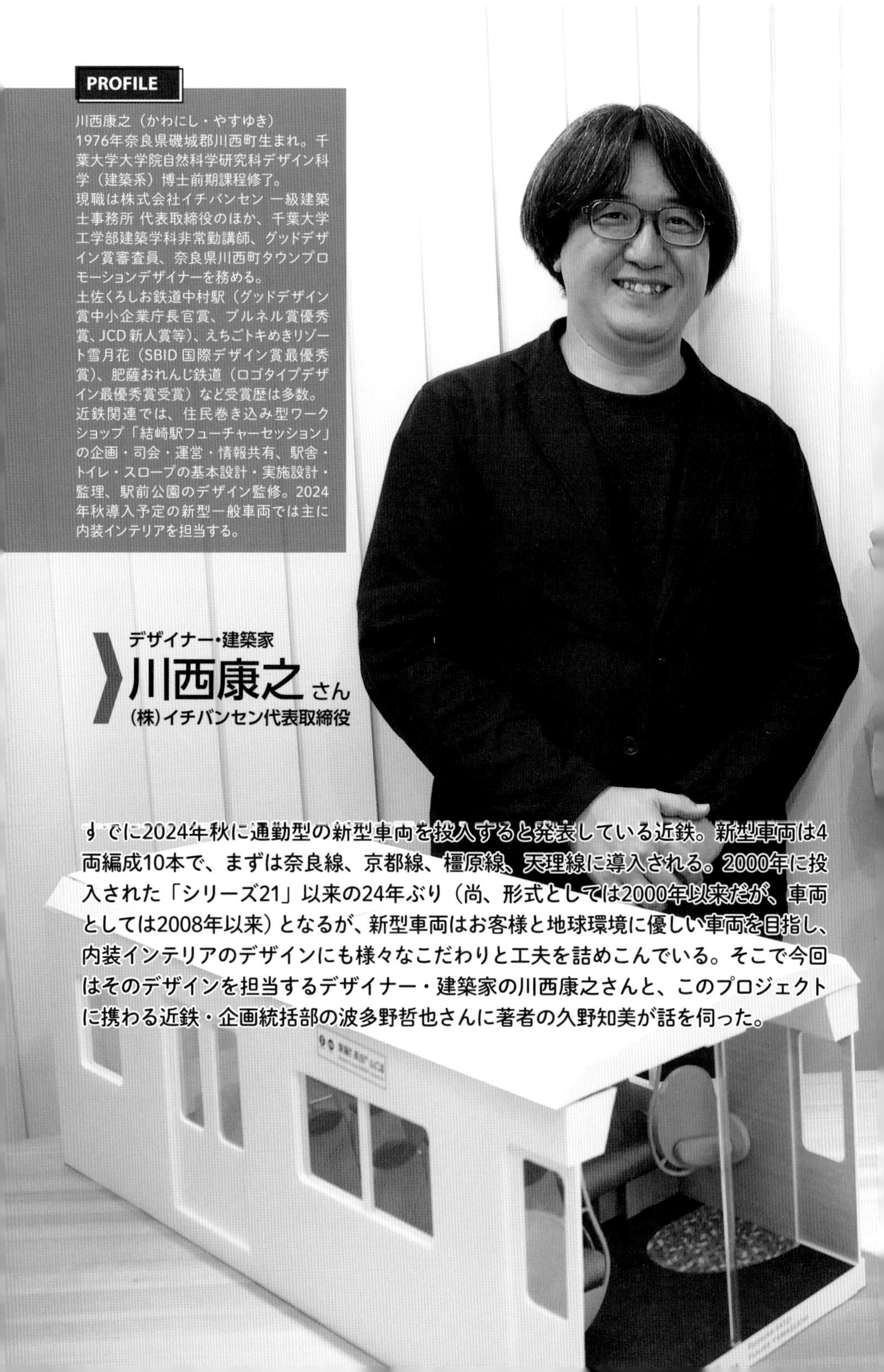

PROFILE

川西康之（かわにし・やすゆき）

1976年奈良県磯城郡川西町生まれ。千葉大学大学院自然科学研究科デザイン科学（建築系）博士前期課程修了。

現職は株式会社イチバンセン 一級建築士事務所 代表取締役のほか、千葉大学工学部建築学科非常勤講師、グッドデザイン賞審査員、奈良県川西町タウンプロモーションデザイナーを務める。

土佐くろしお鉄道中村駅（グッドデザイン賞中小企業庁長官賞、ブルネル賞優秀賞、JCD新人賞等）、えちごトキめきリゾート雪月花（SBID国際デザイン賞最優秀賞）、肥薩おれんじ鉄道（ロゴタイプデザイン最優秀賞受賞）など受賞歴は多数。

近鉄関連では、住民巻き込み型ワークショップ「結崎駅フューチャーセッション」の企画・司会・運営・情報共有、駅舎・トイレ・スロープの基本設計・実施設計・監理、駅前公園のデザイン監修。2024年秋導入予定の新型一般車両では主に内装インテリアを担当する。

デザイナー・建築家
川西康之さん
（株）イチバンセン代表取締役

すでに2024年秋に通勤型の新型車両を投入すると発表している近鉄。新型車両は4両編成10本で、まずは奈良線、京都線、橿原線、天理線に導入される。2000年に投入された「シリーズ21」以来の24年ぶり（尚、形式としては2000年以来だが、車両としては2008年以来）となるが、新型車両はお客様と地球環境に優しい車両を目指し、内装インテリアのデザインにも様々なこだわりと工夫を詰めこんでいる。そこで今回はそのデザインを担当するデザイナー・建築家の川西康之さんと、このプロジェクトに携わる近鉄・企画統括部の波多野哲也さんに著者の久野知美が話を伺った。

2024年誕生、新型一般車両内装インテリアへのこだわりと思い

川西康之さんに聞く

住みたい近鉄沿線を作りたい 内装のコンセプトは「華やかな日常」

久野：川西先生のこれまでの代表作といえば、えちごトキめきリゾート「雪月花」や、西日本旅客鉄道117系「WEST EXPRESS 銀河」。今手掛けていらっしゃるＪＲ西日本の特急「やくも」。この辺りを思い浮かべる方が多いと思います！

今回は地元の近鉄さんの新型車両の内装インテリアを担当されるわけですが、また一味違った思いはありますか？

川西：最初にその話をお聞かせいただいたときに、近鉄さんが持っていらっしゃる課題意識に深く共感しました。

久野：それは、どのような課題だったのでしょうか？

川西：これまで多くのご担当者の方とセッションしてまして、「住みたい近鉄沿線を作りたいんだ」というご意見です

ご実家・喫茶店「榛の木」の看板

ご実家は結崎駅から少し歩いた場所に今年の春まで喫茶店を営んでいた。川西少年は食品の段ボールを使って、電車をはじめいろいろなものを作っていたという。それがデザイナーを目指す原点となった

2024 年秋に導入予定の近鉄新型一般車両の内装インテリアのイメージ。丸を囲んだ、緑色の部分が「ちょこっとスペース（仮称）」だ
※デザイン段階のもので、今後変更の可能性があります。

ね。そこに共感いたしました。

久野：このプロジェクトで日常を支える車両を川西先生がご指名されたのは、やはり沿線で育ったというところもあるのかなと思うんですけども、責任重大ですよね。

川西：シリーズ21以来ですから、平成12年（２０００年）ですね。来年登場して約四半世紀ぶりっていうことですね。

久野：四半世紀ぶりの新型一般車両!!

川西：私はもともと近鉄沿線民でした。阪神淡路大震災が起きた１９９５年春まで難波にある高校の予備校へ通っていたんです。そのとき大和西大寺駅から朝8時22分の電車を利用していたんですが、もう（乗り切れなくて）駅員が押してましたからね。奈良から大阪へ向かう10両の快速急行でした。今はもう大和西大寺駅では押してませんよね。

久野：ショック……。人口が減っているということですものね。

川西：減っているのがはっきりわかります。今の奈良県を含めて近鉄沿線は、お客様の数でいうと、もうピークは過ぎています。

久野：このプロジェクトは好きな近鉄沿線を守っていくためにというお気持ちも強いですか？
川西：近鉄のお話がきて、自分に何ができるかなと考えていたとき、ちょうどそのころに、うちのチビ（子ども）が生まれたんです。
久野：そうなんですね！
川西：それでベビーカーを初めて使いまして……。
久野：……びっくりしますよね。
川西：はい、びっくりしました。
久野：私も姪っ子・甥っ子と一緒に出かけたときに、こんなに大変なのかって思うんですよね。たとえば駅の移動とか。
川西：お恥ずかしながら驚きの連続でした。まずベビーカーを乗せる（ベビーカースペース）の車両位置がわからないんです。最寄りの駅の電車は5社乗り入れですが、その位置が車両によっても違う。もっというと、あったりなかったりする。ベビーカースペースは、やっぱり非常に大事だなと。

昨今ラッシュ時にベビーカーを乗せるか否かという議論もあります。子育て世代が公共交通を利用する際、非常に肩身の狭い思いをする現実がある。ならば、『近鉄沿線はそこをデザイン面でしっかりとケアしていかなければいけない』と。
久野：そこからの発想だったんですね！
川西：それで「どこから乗ってもベビーカーがウェルカム」という車両がいいのではないかという議論になったわけです。
久野：目の前に模型がありますが、緑のスペースがベビーカーや車イスを止めておけるようになるんですね。
川西：はい。どの車両にもほぼつくイメージです。
久野：ほぼでも、すごいですね！
川西：ちなみに、新型車両の内装インテリアの基本的なコンセプトは、華やかな日常です。
久野：華やかな日常、ですか？
川西：つまり毎日使って楽しい電車ですね。近鉄には多種多様な車両があります。その中で今回の新型一般車両は観光列車と違って、日常から皆さんが利用します。毎日乗っても飽きない。これが一番

電車の『点』が走ることで『線』となり『面』へと広がる。新しい住みたい近鉄沿線へと広がることを願っています

大事だと。それと、今日の久野さんのお洋服もそうですが、女性であれば花柄のお洋服をよくお召しになりますよね。

久野：はい！

川西：私どもも、この車両は女性やご家族に安心してご乗車いただける電車です。というはっきりとしたメッセージを込めて、思い切って座席を花柄にしました。

久野：機能面でもしっかり考えられていらっしゃいますね。

川西：当然毎日使われる電車ですので、汚れが目立ってはいけません。いわゆる一般の座席はエンジ。優先席はオレンジ。その対照的な色として、まだ名称は決まっていないんですが「ちょこっとスペース（仮称）」[*1]という形で、新しいエリアは広場や原っぱのイメージで、緑がいいかなという結論です。

久野：素敵です！　ホームページのイメージ画像を見る感じですと、お母さんとお子さんが座っていらっしゃいますが、親子以外にもたとえばこのスペースなら大きな荷物やキャリーケースも置けますね。

シートや床下の色をはじめ、お客様にいかに快適にご利用いただくかを考えながら、様々な試行錯誤を繰り返している

川西：仰る通りです。ターゲットは先ほどもお話をした通り、ベビーカースペースをお探しの子育て世代ではありますが、他にもご旅行で大きな荷物をお持ちのお客様などに向けた多目的スペースでもあります。いわゆる優先座席とも違う、お客様の様々なニーズに応えるという、新しい位置付けです。
　そういう位置付けではありますが、このスペースをお客様に実際にどうお使いいただけるか、我々にとってはドキドキです。
久野：それはどういうことでしょうか？
川西：プラス面ばかりではなく、マイナス面もあります。このスペースがなければ、シート（座席）をふたつ着けられますから。
久野：そういうご意見も寄せられるかもしれませんね。しかし時代に沿った、新たなニーズにお答えするのはとても重要な視点だと思います！

人間の目の「錯覚」を利用する

川西：そして今回のシートは、いわゆる[*2]ＬＣ座席です。ロングとクロスになると、座席のピッチ（座席の中心線と中心線の前後の間隔）が９１０ミリですかね。通勤電車としては最上級の椅子です。ペダルを踏んだら回転もできる。ほぼ特急と変わりませんから。
久野：それは最高ですね！
川西：ただＬＣのちょっとした弱点は「通路の幅が狭い」点にあります。実はちょっとだけこの車両の幅が従来より幅が狭くなります。私も驚いたのですが、近鉄電車はもっと幅が広いのかなと思っていたら、それは「錯覚」で。実はＪＲの電車より幅が小さいんです。
久野：え、そうなんですか！
川西：線路幅は広いんですけど。車両幅は正直20センチぐらい狭い。
久野：全然感じなかったです。
川西：ですから錯覚なんです。さらにいうと連結面が異常に広い。
久野：そこは納得します。渡り板もちょっと広いですし、沿線出身の南田さんもそりゃ「渡り板フェチ」になります（笑）。
川西：そこでインテリアデザイン上の大きなテーマとして広く見せる工夫が必要だなと思いました。床の色を濃くしてあるのは、実はそういう視覚効果を狙っています。人は横に明るいと広く感じます。人間の目の「錯覚」です。
久野：それで快適に感じられるならいいですね！　エンジとオレンジにあわせて、そこに緑もあることで、華やかな感じがします。床面もすごい川西先生の遊び心を感じる黒で錯覚を生んでいる感じで！
川西：ポイントは〝けんけんぱ〟ですね（笑）。波紋みたいなやつが〝けんけんぱ〟みたいな並びになっています。（色で）コントラストをつけなければいけない。それと窓の大きさにもご注目ください。
久野：あと、伝統的に近鉄車両の窓は大きいですよね！
川西：そうなんです。自然光がたくさん入ってきます。建築もそうなんですけど自然光で快適な空間というのが一番理想的。近鉄車両は自然光を積極的に取り入れるなど、今の我々の設計やデザインする立場から申し上げても、ディテールにものすごくこだわって作っていらっしゃる。窓枠も非常にシンプルで、美しく仕

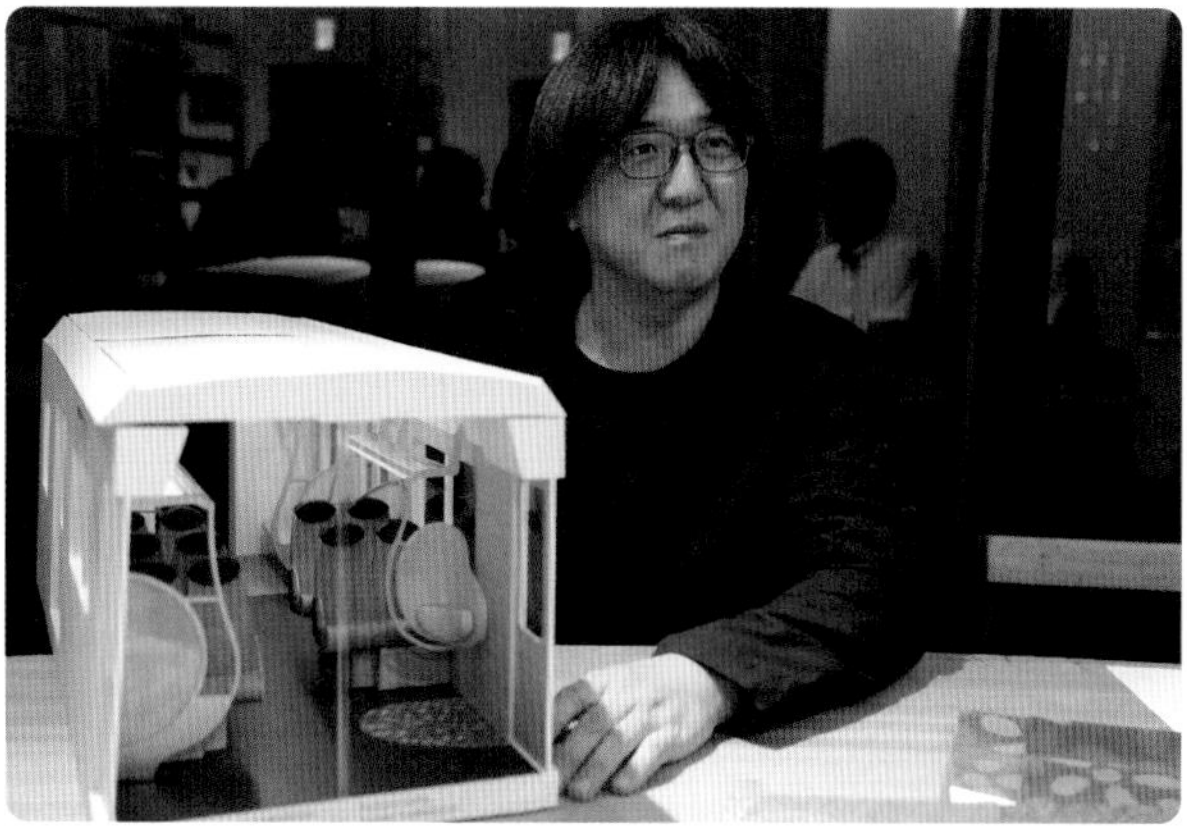

上げていらっしゃる。ハバキ[*3]もちゃんとつけられますよね。こういういい伝統は新型車両にも受け継いでいきたいと考えました。

久野：なるほど！　ほかにデザイン上で工夫されている点はありますか？

川西：ロングシートの手すりでしょうか。機能としては握りやすさが求められます。ただ、デザイン上としては、ここでも車内を広く見せるという〝視覚効果〟も狙っています。その広く見せるために、実はこれ「S字」のようにギュッとなってんですよね。

久野：素晴らしい。こだわりを持って作られていらっしゃいますね！

久野：最後に利用されるお客様に対してメッセージをいただけますか？

川西：華やかな日常と題して、インテリアをお作りしております。あくまで電車は『点』なんです。それが走ることで『線』になる。大事なのはやっぱり『面』として広がっていくことであります。さらには、この電車から新しい住んでみたい近鉄沿線へと広がっていくことを願っております。

久野：お話を伺ってますます新型車両に乗ってみたくなりました！　ありがとうございました‼

*1：フリースペースとの違い
「フリースペース」はバリアフリー法に準拠した、車椅子やベビーカーで使用するスペース。略称は「交通バリアフリー法」という法律があり、車椅子の大きさや、その回転する半径などからきめ細かく決められた範囲を確保する。車内に設置義務がある。今回の「ちょこっとスペース」（仮）はそれとは異なり、基準に満たしてはいないが、ベビーカーなどが利用できる広いスペースをすべての車両に設置される

*2：LC座席
ロングシートからクロスシートに切替可能な自動回転式シート

*3：ハバキ
床と壁の間にゴミや埃が溜まりにくいようにするための角のゴムのようなもの

2024年誕生、
新型一般車両
内装インテリアへの
こだわりと思い

波多野哲也さんに聞く

快適に過ごしていただける空間づくり

久野：まず企画統括部での波多野さんの役割を教えていただけますか？

波多野：企画統括部では新造車の企画や仕様を検討しています。設計内容の確認もします。細かいところですと機器関係をどういうものを使っていこうとか。予算も含めて社内的な手続きを進めていく部署です。

簡単にいうと、実際のものづくりをきっちりと推し進めていく担当ですね。ああしたらもっとこうしたらどうとか、どう？とか意見を集約して、その方向性に向かって形にしていくわけです。

久野：すごいお仕事です！

波多野：皆さんの意見を現実に落とし込んでいく企画の統括ですね。今回の例でいえば、川西先生に内装をお願いしようとか。

久野：なるほど！　先ほど川西先生がシートのデザインの話をされました。色味などの調整は大変でしたか？

波多野：最初はもっと華やかでした（笑）。そこが難しくて、一般車両はあくまで普段使いの日常というところがあって、実際の華やかな車両は特急がありますからね。その域までにはいかない範囲で、ご提案いただいた案を参考に細かく調整させていただきました。

久野：特急は皆さんが選んで乗りにいきますからね！

波多野：一般車両の場合、電車が勝手に来るんですよ。何が来ても、その車両に乗るわけで車両を選べないんです。

久野：そうですよね。

波多野：いかに、お客様に快適に過ごしていただける車両を提供できるか。長時間乗られる方も、短時間の方もいらっしゃいます。そこを心がけながらものづくりをしています。シートの開発でいえば、幅であったり、座り心地、クッション性などさまざまな心地良さが今は求められています。特急を作ったときに求められているものは昔とは違うとわかりました。

今回は一般車なので、できる範囲で快適なシートとはどのようなものなのか、色や質感含めて試作を重ねて作り上げていきました。シート一つとってもすごく手間がかかっています。織っていますから。

久野：織っているんですか！

波多野：耐久性もまるで違います。糸から染めているので、色も変わりにくいんです。

久野：メーカーさんはどちらですか？

波多野：国会議事堂の赤じゅうたんや、特急車とも同じ、住江織物さんです。

久野：安定の住江織物さんですね！　ちなみに床もこだわりがありそうですね。

波多野：そうですね。濃い茶色を採用しています。

久野：濃いほうなんですね、カッコいい。

波多野：奥行き感を持たせるため、のっぺりした印象にならないように模様の線にも工夫を施しました。

久野：本当だ。奥行きを感じます、素敵です！

波多野：こういった調整をいろいろ行っています。

久野：そういった波多野さんの細かい部分への気遣いやこだわりは、やはり特急を手がけられたからこそでしょうか？

波多野：はい。その経験を活かしたいと考えています。久しぶりの新型一般車両ですし、お客様にいかに快適にご乗車いただくかを（川西先生とも）相談しながら進めていますね。

伝統とニュースタンダード

久野：満を持して、あと1年後（2024年秋）のデビューを待つのみというところですが、現状はどういう状況になっていますか？（23年10月時点）

波多野：車両は、まだ外枠にもなっていません。

久野：えーーー!?

波多野：少しずつ部品が組み上がってきたかなという段階です！

久野：外側の塗装色は決まりましたか？めっちゃ気になります。

波多野：それがまだ決まってないです（笑）。

久野：まだ決まってない!?

波多野：これまで多分100を超えるパターンを出しています。

久野：そうなんですか。形もですか？

波多野：形はもう決まってます。あとはやはりどう塗装するかですね。近年、通勤車で塗装される会社はすごく減っています。

久野：京阪さん、阪急さん、近鉄さん。やっぱり関西は結構塗りたいんですね。だからオタが育つんですよ（笑）。最後にこれだけは伝えておきたいことはありますか？

波多野：すごく良いインテリアデザインを提案いただいたので、そこにプラスしてこれまで近鉄が引き継いできた伝統とか、細かいところまで目配りや気配りをして素材ひとつ、仕上げひとつにこだわっていきたい。とにかく最終までこだわって仕上げたいと思います。

例えば、手すりのステンレスをピカピカに磨いておくのではなく、指紋のつきにくい仕上げの方法にしたりとかですね。気の利く仕上げにもっていくのが、私たちの仕事です。

久野：普段から利用されるお客様にいか

に快適に使っていただくかという視点ですね。

波多野：そこに尽きますね。やはり「快適性」「安全性」が最も大事です。そこにデザイン要素「華やか」を入れていくと、良い車両に仕上がっていくと思っています。ですから守るべきところは守って、新しいものはどんどん取り入れていきたい。

久野：それで、川西先生にお願いしたわけですね！

波多野：はい。素晴らしいデザインの車両を造り上げたかったのでお願いしました。

久野：これからはこのコ（車両）が近鉄さんの主流になっていくわけですね。そして、新しい「ちょこっとスペース（仮称）」も今後日本の鉄道界のスタンダードになる可能性も十分にありますね。

波多野：はい。扉横にこのスペースが定着していくといいですね。

久野：期待と不安が入り交じっていると思いますが、車両を造っている今、デビューの日に向かってどんなお気持ちですか？

波多野：いやーもうワクワクとドキドキですね。どっちかというとドキドキのほうが強いです（笑）。

久野：ドキドキのほうが強いんですか！

波多野：造り上げていく過程で、図面では見えなかった課題も出てきます。そのとき、どう対応するか、判断を迫られることもあります。実際に走り出すまでドキドキです。

久野：伝統をリスペクトしつつも、新しい概念が詰まった新型車両の完成を心待ちにしています！

第2章

「近鉄愛」強すぎ!? ファンに聞く

三嶋 伸一さん

Shinichi Mishima

← 撮り鉄

幼少期から鉄道写真に目覚めた三嶋さん。
クオリティの高い作品の数々はメディアでも頻繁に紹介され、
とくに近鉄好きの鉄道ファンであればだれしもが一目置く存在です。
近鉄オタ屈指の「撮り鉄」にルーツやこだわりを
たっぷり語ってもらいました。

メディアからも頼りにされる、
素敵な近鉄車両の写真は必見！
“清く正しい撮り鉄“さんとして、
その愛の深さは折り紙つきです◎

PROFILE

1962年、大阪府八尾市出身。幼少のころから蒸気機関車を中心に写真に目覚める。一時は多少の「鉄道離れ」を起こすものの、近鉄に魅了され無事に帰還。作品の評価は高く、テレビ番組や書籍など数多くの媒体から提供を求められている。本職は繊維関係の自営業。大和鉄道祭りや各種イベントにスタッフ用のポロシャツやユニフォームなどを納品している。

蒸気機関車で撮り鉄の道へ 一時は興味が薄れるも……

鉄道のスタートは、実は近鉄ではないんです。実家の最寄り駅がＪＲ久宝寺駅で、そこに国鉄の竜華操車場（※のちに竜華信号場に変更、現在は廃止）がありました。幼稚園のころ、父親に「蒸気機関車でも見に行こか」と。そのまま連れて行かれたのが最初で、当時から興味は持ってましたね。それをきっかけに火がついて、小学生のときは学校が終わると毎日のように見に行っていました。

写真を撮り始めるようになったのは昭和46年だから、小学校の3年生かな。父のおさがりのカメラを持って、蒸気機関車をひたすらに撮っていました。わけもわからず、シャッターを押すのがやたらに嬉しかったんです。ただ母親にはよく叱られましたね。現像代が高かったので、「同じようなものばかり撮ってフィルムを無駄遣いするな。もっとちゃんとした写真を撮りなさい」と。いまではいい思い出です。

もちろんクラスメイトとも行きましたよ。当時は敷地内にも入れてもらえたので、機関車の上に乗って撮ったり。ホンマええ時代でした。

そのあとは、国鉄の車両をあちこちまわりながら撮っていきましたね。とくに高校時代はアルバイト

蒸気機関車が「撮り鉄」の始まり

生家近くのJR久宝寺駅、国鉄の竜華操車場にて。ここでの蒸気機関車との出会いが、三嶋さんを鉄道の道へと誘った。

で旅費を貯めて、九州や東京にも足を伸ばしました。この時期に蒸気機関車が徐々になくなって、寝台特急のブルートレインブームが起きたんです。それに乗じて各地を転々とした感じですね。

ところが国鉄がＪＲに変わったころ、興味が薄れてきたというのか、まったくなくなったわけではないけれど、いまほど撮影に行かない時期がありました。関心が車や単車に移っていたんです。それがここ15年ほどでしょうか。また以前のような気持ちが戻ってきまして……。

「近鉄やるな！」と思わされた
ふたつの車両

ある日、車で奈良のほうへ向かっていました。その運転中にたまたま、あおぞら号の旧塗装の復刻車両を見かけたんですが、なぜか度肝を抜かれまして。それと、ラビットカーの復刻塗装。南大阪線や吉野線を走っていた、あのオレンジ色の車両ですね。これを目にしたときに、完全に引きずり込まれました。「撮らなあかん」と。

生意気な言い方で申し訳ないんですけど、「近鉄、やるな！」と思ったんですよ。それまでも当たり前に乗っていたのに、みな同じ顔に見えていて。自分でもうまく説明できませんが、「うわっ、これは！」という感じですね。

近鉄沿線を渡り歩いて撮影を始めて、どんどんのめり込むうちに自然と仲間もできました。いま写真に収めているのは、ほとんど近鉄さんです。

ラビットカー塗装は運用まではわからないけれど、出会える確率があるんじゃないかと考えて、「遭遇できたらラッキー」程度の感じで、南大阪線沿線をうろうろしました。僕らの仲間内では「うさぎ狩り」と呼んでます。復刻塗装はくわしくは言えませんが、友だちが増えた関係で情報が出回るんです。「〇〇方面の先頭車両についてるよ」という具合に。そういう一報をもとに、ある程度は計画的に撮れるようになっていきましたね。

近鉄といえば、やはりオリジナルカラーの特急車両ですよね。ＪＲはほとんど白一色でなにがきたのかわかりづらい。それに対して近鉄はアーバンライナーやスナックカーなど形式も含めて多種多様。

鉄道模型もそうですね。それまでは国鉄しか集めていなかったのが、いつの間にか近鉄も買うようになって。「あれもほしい、これもほしい」で、キリがなくなりましたね。

「ゆる系」「迫力系」「カッチリ系」
3種類の撮り分け

撮影の際は自分の中にルールがあって、「連写はしても乱写はしない」と心がけています。いまのカ

**たまたま見かけた
ラビットカーの復刻塗装。
「これは撮らなあかん」**

メラはデジタルなので連写は簡単です。でも、「この位置で決めたる」と狙いをしっかり定める。またカメラの機能上、途中で止まってしまう場合もあります。だから連写をするにしても、「この位置で確実に撮りたい」と心に決めて臨んでいます。

最初に話した、子どものころに母親に怒られた経験が影響しているかもしれません。当時の現像代は1枚あたり白黒が15円で、カラーが50円くらい。ハーフサイズのカメラやったんで、たとえば20枚撮りのフィルムだと40枚撮れる。カラーで現像すると、えらい金額ですよね。そりゃ「同じような写真ばかり撮るな」と叱られて当然です。だからいまはデジタルといえど、一枚一枚、大切に撮っていきたい。ええカッコ言うて申し訳ないですけど本心です。

カメラはおもに2台ありまして、ひとつはニコンのフルサイズ「D4」。だいぶ古い機種ですね。もう一台は同じニコンの「D500」。たくさんのカメラの機能を勉強して、この2台に落ち着きました。思ったとおりに動いてくれるというか、言うことを聞いてくれる感じがするんです。望遠用のズームレンズはタムロン製で、余談ですが野鳥の撮影のときにも重宝しています。

写真そのもののこだわりは、大きく分けて3つですね。

ひとつは「ゆる系・ほのぼの系」。お花畑を入れたり、ゆったりとした雰囲気の写真ですね。たとえば春は桜、夏はひまわり、秋は彼岸花を入れて撮る。冬は近鉄の路線内ではなかなか難しいですけど、雪景色の中とか、季節を感じてもらえるものにしたいと考えています。

もうひとつは「迫力系」。たとえば大雨の中、水しぶきをあげながら走る電車を一枚に収める。これがいちばん好きで撮影枚数も多いと思いますね。

3つめは「車両カッチリ系」。基本に忠実にというのか、車体そのものをきれいに撮る。自分のなかでは、この3種類に分けています。

撮り分けを意識するようになったのは、ある程度、大人になってから。学生時代は、車両の名称が入った写真が撮れれば十分満足でしたから。

それにいまでは、SNSで多くの方のすばらしい写真を拝見できるでしょう。だから、ますます普通の撮り方ではあかんな、と。以前、地域の写真クラブに入会していて、もう亡くなられたのですが、その先生がいいことを教えてくれました。決して「こう撮れ」とは言いません。でも電車に限らず、なにを撮るにせよ、「普通に撮っても『ああ、ええな』でしか終わらん。見た人がドキッとくるものを撮らなあかん」と。だから極力、そう思ってもらえるような写真を心がけています。なかなかうまくはいきませんけどね。

車両と運転士へのリスペクトを伝える

「迫力系」が好きなのは、車両や運転士さんに尊敬の気持ちをもてるからなんです。雪や大雨といった難儀な天候の中、水しぶきがバーッとあがるようなシーンを撮ると、がんばっている車両や運転士さんをよりリスペクトできるようになる。もちろん現場は大変でしょうし、私も十分に安全対策をして臨んでいますけれど、迫力ある絵をしっかり撮れたときは嬉しいですね。車両や運転士さんに対するリスペクトはいつも持つようにしています。

そういう意味でも好きなのは、大阪線の大阪教育大前駅と関屋駅の間で撮った一枚ですね。大雨の日に下り列車が大阪教育大方面から走ってきて、トンネルから出てくると、車体がベールをまとったように水しぶきがあがるんです。それを望遠でローアングルから撮る。このときは自分もビシャビシャです。ちなみに雨の日の撮影で、過去にレンズを2本つぶしました。

当然、近鉄さんは本当にがんばってくれてます。悪天候でもギリギリまで走ってくれる。大雨の日でもほぼダイヤ通りに運行してくれる。そういうメッセージを伝えたいという想いもあります。僕もなかなか実行できていないのですが、「写真は見てもらうよりも、読んでもらわないとあかん」と言われたことがあります。撮った人の思いをくみ取ってもらえる写真を撮らなあかん、と。だから「迫力系」が好きなんでしょうし、なかなかうまくいかないからこそ写真はおもしろいんでしょうね。もし大雨や雪といった副題がない場合は、へたくそながらも流し撮りをして迫力を出すようにするときもあります。

「ゆる系・ほのぼの系」で撮るシーンや場所は、季節によってだいたいは決めていますね。春は桜の地域、駅でいえば大和高田や飛鳥。夏のひまわりは年によって咲く、咲かないがありますが、大阪線の美旗駅によく行きますね。秋の彼岸花は南大阪線の当麻寺駅と二上神社口駅の間。ここは季節を問わず足を運びます。冬は雪の積もる時期が数えるほどしかないので、チャンスがあれば吉野線で吉野方面に向かいます。

好きな撮影ポイントは、挙げていけばキリがありません。それでもあえてひとつに絞れば、雪景色が映える、吉野線の薬水駅ですね。鉄道はもちろん、駅まわりの雰囲気も好きですし、レンガ造りの眼鏡橋もいいですよね。

山登りをして撮影することもありますよ。なかなか体力が追いつかないので、それほど回数は多くないにせよ、友人たちとたまに出かけます。このとき大事にしているのが、農家さんにひと声かけるこ

普通に撮っても「ああ、ええな」でしか終わらん。ドキッとくるものを撮らなあかん

「迫力系」写真セレクション

①三嶋さんお気に入りの一枚。大阪教育大駅と関屋駅の間で撮影。「この雨のしぶきがたまらない」。②二上山駅付近で撮った、青の交響曲（シンフォニー）。③東青山駅付近で2022年に撮影された「ひのとり」。

①
③
②

「ゆる系・ほのぼの系」写真セレクション①

①さくらライナーと桜のコラボレーション「私も好きな一枚です」②大和川橋梁の夕陽。「夕方の撮影によく行くポイントです」③大和川橋梁に霧が出た夜。しまかぜのヘッドライトが光線のようになっている。「霧が立ち込めると、パっと前に光線が出るんです。たまたまこのときは濃霧で、まだ間に合うと思い、走って駈けつけました」

①
②
③

「ゆる系・ほのぼの系」
写真セレクション②

①吉野線の薬水駅の近くでの一枚。さくらライナーと雪のコントラスト。②南大阪線で撮影。「珍しく二上山の頭にきれいに雪がかぶっていました」③吉野線の吉野川の鉄橋。大和上市駅から歩いてすぐのところ。夕陽があたるときれいなシルエットになってお気に入りの場所だという。「窓から夕陽をのぞかせるのは狙ったというか、撮れていました。ただ夕陽の高さだけは少し歩いて計算したので、結果として、うまく窓に入ってくれました」

車両や運転士さんに対する リスペクトはいつも持つようにしています

と。「電車の写真を撮りにきました。車を停めさせてもらっていいですか」と。声をかけたら、だいたいは「ええで」と言うてくれます。黙ったまま撮影すると心が乱れるというか、「もしかしたら、あとで怒られるんちゃうか。迷惑になってるんちゃうか」と気になって集中できない。ちょっとした気遣いみたいなものですけど、ひと声かけるのはお互いにとっていいですよね。

「乗って楽しい。撮って楽しい」近鉄であり続けてほしい

近鉄の車両はやっぱり写真映えしますよね。昨今、無機質なステンレス車両が増えてきましたが、基本的に近鉄にはそれがない。特急列車にしても、しまかぜ、青の交響曲（シンフォニー）、ひのとり、ビスタカーと、すべて色分けされていて、その用途もわかる。色とりどりで幅広さがあるのは魅力ですね。たまにファンサービスのラッピングを施してくれたり、そんなのも嬉しい気持ちにさせてくれます。

だから特別、なにかを望んだりはしていません。いまでも十分、われわれ乗客の期待に応えていただいて、すばらしい列車に気軽に乗れていますから。今後、新型車両や通勤電車もつくられていくと聞いていますし、「乗って楽しい。撮って楽しい」近鉄であり続けてほしいと思います。

写真家としての目標を言うなら、「迫力系」のところで少し話した、流し撮りでいい作品を残したいですね。スローシャッターの撮影は難しくてなかなかうまくいきません。それでもいつかはピントが完璧に合った、ド迫力の写真を撮ってみたい。それが緑の中を行く列車であれば最高ですね。

健康にだけは気をつけて、いつまでも撮影できる身体でいたいと思います。

「車両カッチリ系」写真セレクション

①懐かしき12200系の流し撮り。②三嶋さんが心を奪われた、ラビットカーの復刻塗装。③多くの近鉄ファンから愛される特急しまかぜ。④2020年から運行開始された「ひのとり」。

①	②
③	④

岡野 徳之さん

Noriyuki Okano

← 本物収集鉄

「本物をコレクションしたい！」。

多くの趣味で、とくに男性がハマりがちな「癖」ですが、
それを実現している人がいます。

幼少期から近鉄に惚れ込み、何十年と愛情を注ぎ続けてきた岡野さんです。

自室に並ぶ、実際に使われてきた備品の数々。すべては愛情がなせる業なのです。

ご自宅を見れば一目瞭然、
あふれんばかりの近鉄愛を
そのまま形（備品）で集めました！
本物へのこだわりを貫いて、
いつか博物館運営しちゃう？

PROFILE

1974年、三重県津市出身。両親をはじめご家族に車の運転免許取得者がいなかったため、旅行などの交通手段は必ず電車。最寄りに近鉄が走っていたこともあり幼くして目覚める。定期的に主催する鉄道模型のイベントで奥様と知り合い、結婚。高校生の長女もその道に誘いつつある「幸せ系オタ」。休日に近鉄で出かける際は、駅弁のあら竹の「元祖特撰牛肉弁当」を朝食に嗜むのがルーティン。

くつろぎの時間を味わえる近鉄の特急車両

もともとの生まれは、（三重県）津市の一志町。父も母も祖父母も車の免許を持っていなかったので、移動手段が電車しかなかったんです。だから、夏休みの旅行は100パーセント電車。熱海や東京ディズニーランド、九州といろんなところに連れて行ってもらいましたけど、最寄りが近鉄でした。そもそも住んでいた地域が、近鉄がないと立ち行かないようなところで、JRは最近話題になった名松線が通ってはいたんですけど、運行が一日に5、6本。それに対して近鉄は一時間に2本もありましたから、必然的に交通手段のメインになっていました。

車両も古いなりによく整備されていて、乗り心地もサービスもよかった。いまは無人駅が増えましたが、当時は各駅に駅員さんがいらして、思い返せばずいぶんお世話になりました。高校のころは通学に使っていた関係で仲良くなって、車庫に連れていってもらったり、年賀状のやりとりをしたり。もう亡くなられたんですけど、本当によくしてもらいました。新しい電車の写真やめずらしい切符なんかもよくいただいて、その方がフレンドリーな性格だったんでしょうけど、鷹揚ないい時代でした。こんな生まれ育ちですから、「なるべくしてなった」としか言えませんね。

お気に入りは、ベタですけど「しまかぜ」。やっぱり王道がいいです。もちろんマニアのほうに行けばいくらでも深みにハマれます。でも、いちばん乗りたいと思わせてくれる車両かな、と。「ファンとして好き」「単純に乗りたい」のふたつがあって、しまかぜは素直に乗りたいと思わせてくれます。

近鉄はスマホで特急の予約ができるので、そのときに空席があれば、多少は値が張ってもよく選びます。伊勢市以南、伊勢市から賢島駅の間は意外と空いているんです。運がいいと最前列が空いていることも。二人席が空いているときは娘に「行かへんか？」と。ほとんど「行く」と言うてくれますね。伊勢市から乗ったにもかかわらず、カフェに行ったりで席にはあまりいない。アテンダントさんもいつもよくしてくれるので、ホントにありがたいですよね。この乗務員さんのきめ細やかな対応はなかなか味わえないと思います。他社さんの車両すべてに乗ったわけではないので、比較は難しいんですけど、九州の豪華列車にも勝るとも劣らない。むしろ娘に言わせれば「しまかぜのほうが上やな」と。

なんというのか、かゆいところに手が届く。しまかぜには長く乗ってますけど、不快な気持ちになったことは一度もないですね。近くにありながら「ちょっと乗りに行こうか」と気軽に思える高級車。

かゆいところに手が届く。しまかぜには長く乗ってますけど不快な気持ちになったことはないですね

いつかは個室に乗ってみたいですね。

「ひのとり」も好きですよ。名古屋へ出るときに――まあ細かい話になるんですが、自宅最寄りの松阪駅から特急券を買うと料金が少し高くなるんです。でも津駅まで普通列車か急行列車で行って乗り換えれば、もうひと段階安い900円台で乗れるようになります。だから津からよく利用していますね。せっかくなら、くつろぎのアップグレードを体験したい。途中駅に止まらないリラックスできる空間もあるので、松阪発の急行で津駅まで出て、5分後くらいにくる、ひのとりに乗ることはよくありますね。

レギュラーシートであれば、わずか100円アップで前後の方に気兼ねなくリラックスできる。本当にありがたい車両です。プレミアムシートがもっとよいのは当然として、そこまでお金をかけずとも、津から名古屋くらいであればレギュラーシートでも十分くつろげます。プレミアムシートの隣の車両を予約しておいて、ディスペンサーのコーヒーをいただく。至福の時間です。

「できない」とは言わない圧倒的なプロの仕事

マニアックな車両にも当然興味はあります。たとえば通勤車の2800系の2両バージョン。12と14の2編成しかいない、2800系の4連の付属として2連でつくられました。子どものころ、その車両がごくまれに実家最寄りの伊勢石橋駅を走る普通列車に入っていたんです。魅力はなんと言ってもクーラー。当時はすべての車体に装備されていない時代でした。扇風機だったり、いまでもちょっと残っていますが、ラインデリアという送風機だったり。そんな時期に2800系の2両は冷房が完備されて夏場も快適だったんですよ。あれは好きになりましたね。

近鉄は不思議で、利用すればするほど、そのありがたみがわかってくる。深みがあるんです。駅員さんや車掌さんにも本当によくしていただける。プロ意識の高い、プロ根性のある鉄道会社さんという印象を持っています。

自分は切符も少し嗜んでいて、いまではほとんどないであろうJRとの連絡切符もときどき買います。名古屋で乗り換えて新幹線で横浜まで、あるいは鶴橋からJRに乗り換えて岡山までといったルートですが、これが少しややこしい。機械でパッと出せそうに思いますが、無理なんです。だから近鉄さんの、いわゆる手書きの補充券を出してもらいます。少なくとも一般には浸透してないと思いますが、サラサラっとなんの躊躇もなく書いてくれて、1分もかかりません。駅員さんの作業もスムーズですごいなと、いつも感心します。

**近鉄は不思議で
利用するほどありがたみがわかる。
深みがあるんです**

自慢の初期アーバンライナー最高級シート

自宅の新築を機に約４万円で購入。座り心地は最上級で、身をゆだねるだけで不快な思いや嫌な出来事もすべて忘れられるとのこと。「心機一転。また生きていける」シートだそうです。ここに、オリジナルのヘッドカバーがつけば完璧です。

プロの仕事ですよね。自分も頼むときはできるだけお釣りが少なくすむように、あらかじめ頭のなかで計算してお金を渡しますが、想定した通りのお釣りが戻ってきます。これまで違う金額が返ってきたことがありません。

事業にもよるでしょうし、あとの処理が大変かもしれませんが、少なくとも僕の経験では「できない」と言われたことは基本的にないですね。「名古屋からJR乗り換えで新横浜まで。連絡切符でお願いします」と言うだけで通じるんですから。ありがたいですね。

憧れの最高級シートでくつろぐ喜び

近鉄愛を語り過ぎてしまいましたね。ここからは僕の購入したコレクションを紹介していきます。

まずはこのシートですが、自宅の新築に合わせてソファーの購入を計画しました。いろいろ見て回ったところソファーって高いんですね、値段が想像以上で。それならもう特急のシートを買ってしまおうと。そういう経緯で選んだのが、地元を走る近鉄特急の最高峰だったアーバンライナーのデラックスシートです。

中学生のころにできた車両で、友だちに「試運転列車が走る」と教えてもらって、カメラを持って地元の駅に行ったんです。偶然かどうかわかりませんが停まっていて、じっくり見られました。できたてのピカピカの車両を凝視しながら、いつかはこれに乗りたいな、と。でも当時は津にも停まらなかったので、大阪―名古屋間ではなかなか乗れない憧れの電車。その最上級のデラックスシートだから間違いないという確信がありました。

実はそれ以前に、行きつけの鉄道ショップで販売されているのを見て購入するかどうか迷い、家族に内緒でキープしてもらっていました。いざ買うとなって、妻に打ちあけたら当然、金額を聞かれまして。指を4本見せたら「40万!」と驚愕されたんですけど、「いや、違う。4万や」言うたら、「なんや、そんなもんか」と。まあ、そんなこんなで自室にある次第です。夫婦間でとくに大きな問題も起こることなく、はやぶさとこまちのように引っついたまま、なんとかうまくやっております。ただ、自室への運び込みがなかなか大変でして……。それはまたあとでお話しします。

ツーシート式で、各座席の間の中央部分に操作機械がついています。当時は最先端だったのかな、これで音楽が聞けたはずです。たしかイヤホンを貸してもらえて、ジャックに差し込むとミュージックサービスを楽しめた。シートの裏側を見ると、いろいろ配線があって、チューナーらしきものも残って

**夫婦間も問題なく
はやぶさとこまちのように
引っついたままうまくやっております**

いる。いつかどうにかつなげて復元できたらなあ、とずっと考えてはいます。

このシートはさらにふたつ、いいところがあって。ひとつは回転可能なんです。設置している部屋にテレビとパソコンを置いているので、「テレビを見るときはこちら」「パソコンで作業するときはあちら」と方向転換可できる。回転仕様もフル活用しています。

いつかはテレビも、このジャックに差し込んだイヤホンで聞けるようになれればいいなあ、と。シートに身を沈めて「鉄オタ選手権」を見るのが至福のひとときなんですが、なんとかグレードアップさせていきたいですね。

もうひとつの利点はシートそのものの構造です。リクライニングさせると座面が前にスライドするんですよ。いまのシートは簡略化が進んで、背もたれだけが倒れるので後ろに座っている方を気にかけないといけない。でもこのシートは自分が前に出て、腰のあたりを軸に倒れるので、あまり後ろの方に圧迫感を与えないんです。逆にいえば、自分がリクライニングされてもそれほど気になりません。まあ、自分ひとりなので気兼ねする必要はないのですが……。機構が複雑なぶん、どうしても製作費がかかりますし、シートのうしろに余分なスペースが必要になる。だから最近は簡略化したものが主流だったんですが、それが復活したのが今回の「ひのとり」。レギュラーシートも同様のタイプなので、すごくうれしい仕様になっています。

搬入の話をしますと、それはそれは難儀でした。重量が70～80キロほどあって2階の自室に運びこまないといけない。素人ではどうにもならないので、引っ越しのプロを呼びました。最初は2人でこられたんですけど、それでも難しく最終的には4人に。手痛い出費でしたが、いまの至福の時間を考えるとチャラかなと思いますね。

余談ですが、これ、本来はヘッドカバーがついているんです。白の布地にDXという緑色のマークが施されていた。それがどうしても欲しくて。探してもなかなか見つからず、しかも刺繍だったはずなので自作も難しい。

そう思っていた矢先に、NHKの鉄道番組を見ていたら、よく知っている近所の八百屋の店主さんが出ていたんです。すごい鉄道マニアで、当時の8ミリのカメラなんかで昭和20、30年代の動いている車両を撮影していた方。DVD化もされて、昔はその八百屋さんの2階で開かれる鑑賞会にも参加していました。そんなことを思い出していると、その方がどうやら同じシートを持っているとわかりまして。ふたつ並べてフットレストなんかも楽しめたらな……と。「なんとかうまいことならへんかな」と、

シートに身を沈めて「鉄オタ選手権」を見るのが至福のひととき

デラックスシートは搬入もひと苦労

プロ4人がかりでなんとか搬入。左下は心配そうに見つめる奥様。シート自体相当な重量だが、購入を想定して2階の床は補強済み。（下）はデラックスシートのジャック部分。復元して聴けるようにするのが当面の目標。

つい余計な妄想をしてしまいました。本当にすみません。

新居を構えた記念に切符型の案内状まで自作

シート以外に手元にあるアイテムもいくつか紹介していきましょう。

「賢島」と記載されている銘板は、スナックカーの方向の行き先看板ですね。それこそ子どものころから慣れ親しんできた、「近鉄といえばこれ」という車両。なくなるときに手元になにか残したいなと思って購入しました。この当時、廃車になった車両から取り外された、いちばん最初についている行き先表示幕がオークションに出品されていたんです。ただ、なかなかの値段で、さすがに高額すぎて手が出なかった。そのかわりではないですけど、初代のころの差し込むタイプの看板で我慢したというのか、落ち着きました。

それからスナックカーの中間車両（次ページ写真上部中央）は、せめて形見にと思って残しました。「6162」の赤字のナンバープレートは、近鉄の通勤車両のものですね。

残念ながら近鉄さんのものではないんですが、広く一般に使われていた釣り銭器（次ページ写真上部右）も持っています。昔は駅の窓口に行くと必ずあって、いまでは鉄道博覧会なんかでよく見かけますよね。

実は鉄道模型のイベントを定期的に開催しておりまして、こういう釣り銭器や、切符を切るダッチングマシンやパンチは好評ですね。こちらとしてはお子さんに「昔はこうだったんだよ」と楽しんでいただきたいんですが、実際は付き添いでこられたお父さんのほうが夢中になって。「前はこうでしたよね」なんて話をするのが、お決まりのパターンですね。

新居に移ったときも鉄オタぶりをつい出してしまいまして……。引っ越しのときに案内状を送るでしょう。せっかくだから自分らしくしたいなと思い、「●●から●●ゆき」と印字された自作の切符を用意して、転居の案内状がわりにしました。結局30人くらいにしか配れませんでしたが、楽しんでいただけたようでなによりです。新居オープン前には模型を走らせたり、入場記念切符（P１３３左写真）をお渡ししたり、お宅訪問と称していろいろ遊ばせていただきました。

大好きなしまかぜのネタでひとつ。乗車記念証を初代のころからかなり集めています。何枚か欠けてはいるんですが、いちばん初めの試乗会に運よく当選して、「ああ、こんなのが配られるんや」と知って。それ以来、最新版の10周年記念のものまで集めました。いいところは乗車した日付がスタンプで刻

備品コレクションは思い出とともに

①昔なつかしいスナックカーの行き先看板。②同じくスナックカーの中間車両。①とともに引退を惜しみながら購入。③昭和には当たり前に使われていた、一般的な釣り銭機。主催するイベントでも人気の一品だそうです。④かつての通勤車両のナンバー。近鉄は2008年を最後に通勤車の製造をストップしていたが、2024年秋に新型車両の導入が予定されている。

① ② ③
④

熱心な鉄オタは切符まで自作してしまう

新居のオープンを記念して、ちょっとしたイベントを開催。そこにきてくれた方へ渡した、自作の来場記念切符。(右)は切符を収めたアルバム。近鉄だけでなく他社のものも収集しているため数十冊におよぶ。

印されるんです。近鉄さんも商売上手というか、うまいことされていて、コースごとに押されるスタンプが違うんです。コレクター心をくすぐられますね。10周年でストップしているので、復活を楽しみにしています。

大変な時期だからこそ「還元」を言い訳に乗る

職場では既にカミングアウトしています。そうしないとチケットの確保も難しくなりますし、「その日は乗りにいくからダメ。ごめんね」と仕事でも迷惑をかけないですみますから。それと今回取り上げていただくにあたって、備品の収集も告白しました。ここに掲載されている写真を見せながら、「うち、こんなんやで」と。「なんで一般家庭にこんなものがあるの?」みたいな反応でしたね。鉄道趣味のない方は、備品が販売されているのを知りませんから、それは仕方ないですね。

今回は「備品コレクター」として呼んでいただいて、こんなことを言うと怒られるかもしれませんが、自分は「オールマイティ鉄」だと認識しています。鉄道趣味っていろんな角度から切り込めますよね。つまりは入り込みやすく、出にくい。自分もその罠にかかったひとりです。

そういう意味では、なんでもできる趣味。乗り鉄あり、撮り鉄あり、収集鉄あり。なかには自分で鉄道までつくってしまう本物鉄もいる。こんな感じでなんでもありの世界です。自分がどのジャンルなのかと考えたときに、ここまでお話しした通り、ほとんどの分野が好きやからオールマイティ鉄やな、と。写真だとか収集だとか、切り込み方で分けるのがいまの主流なので、こういう言い方をすると皆さんに怒られるのですが。でも枠にとらわれず、したいことをすればいいのかな、とはよく思いますね。

そうやって好きな趣味にただただ没頭しているだけなので、これまでいくら使ってきたかなんて計算したくない。切符も含めると、とんでもない額になるんちゃうかな。それでもあえて言うなら、ひとまずは軽自動車1台分くらいとさせてください。さっきも言ったように厳密には計算したくないので、正直わからないですね。

そもそもいまは、なんらかの形で近鉄を利用することが、これまで楽しませてくれたぶんの恩返しだとも思っています。コロナ禍以降は、鉄道会社さんはすごく大変でしょう。近鉄さんにしても、私の住んでいる地域でいえば大企業ですが、なかなかに苦労されているという話は耳にしています。そんな苦境にもかかわらず、9月のお客さんが少なくなる時期には割引切符を販売してくれるんです。我々のような立場からすれば非常にありがたい話ですが、そうまでしてでも乗ってもらわないといけない状況の裏返し。そんな考えが頭をよぎるので、休みの日にちょっと乗りに行ったり、せめてできる限りのことはしたいな、と。まあ本心はそういう言い訳のもと、ただ乗りたいだけかもしれません。近鉄への還元と称したお出かけですね。

だから今後に関しても特別な期待はありません。ずっと期待していますし、それにことごとく応えてもらっているので。これ以上となると、ぜいたくな話ですが、しまかぜを超える列車をつくってほしいな、と思います。しまかぜは本当に大好きですし、ありがたい存在。先日もカフェを利用して、はまぐりのピラフを堪能しました。これで現状の供食サービスはすべていただいたことになります。

「収集鉄」の立場でいえば、しまかぜのシートが販売されたら買うと思いますよ。軽自動車1台分くらいはするでしょうから、ちょっと大変かな。妻にバレないようにこそっと買わないといけませんね。

しまかぜの初期車両はそろそろ更新の時期がくるのかなあという気もしますので。「シートはどうなるんだろう?」と気にかけている日々です。

しまかぜの初期車両は
そろそろ更新の時期のはず。
「シートはどうなるんだろう?」

オフショット！

冨田 稔さん

Minoru Tomita

← 切符収集鉄

おそらく日本でも屈指の硬券入場券収集鉄。中学時代に近鉄を制覇した強者です。
さらにJRや他の私鉄を含めると、とんでもない数にのぼります。
その情熱の源泉はどこか、どんな苦労を経ていまにいたるのか。
冨田さんにしか語れない、硬券入場券収集の楽しさ、おもしろさに迫りました。

ひたすら乗り鉄を続けゲットした
今では入手できないお宝の数々、
まさにプライスレス！
これぞ、コレクターの鑑!!

PROFILE

1974年、愛知県出身。幼少期から近鉄に親しみ、中学時代に硬券収集に目覚める。近鉄だけでなく非常に多くの鉄道の硬券入場券を所有しており、仲間内からは敬意を込めて「館長」と呼ばれている。記念すべき自身の「誕生日入場券」は国鉄時代の会津線・会津田島駅のもの。

一日で30枚を集める周遊券を使った「ジグザグ乗り」

原体験は、実は鉄道ではなく「船」なんです。昭和61年に家族旅行で宇高連絡船というフェリーに乗りました。そこにはグリーン券があって、500円くらい余分に出せばすこしよい席に行けた。これが生まれて初めて手にした硬券で、いまの自分の出発点です。

そもそも近鉄は身近にある電車で、最寄りは八田駅でした。自宅のそばを走っていて、子どものころはよく見に行っていました。なぜか楽しかったんですよね。「あの電車に乗って遠くに行きたいな」と自然に思うようになっていました。実際に旅行の足は必ずと言っていいほど近鉄。歴史散策が好きで、親と一緒に奈良の山の辺の道に行ったり。その経験もいまにつながっていると思います。

硬券入場券との出会いは、たしか昭和63年だったかな。中学時代に近鉄沿線をまわるみたいな遊びをしたときに、友だちに勧められたんです。「こういうのあるけど、どう?」と。その友だちは撮り鉄でよく一緒に行動していたんですけど、自分は写真を撮るのが苦手で。でも鉄道が好きな気持ちに変わりはなかった。そのときに原体験の宇高連絡船の切符を思い出して、「近鉄にも硬券がある」と聞かされて買ったところハマった。始まった感じですね。

近鉄の初めての硬券は中2でした。同じ年の4月20日に弥富駅で買ってます。おぼろげながら電車で買いに行った記憶があって、名古屋からだと15キロくらいあるのかなあ。1時間以上かかったと思います。これが近鉄の硬券の原点ですね。すべての有人駅にあると思うと火がついてしまい、コンプリートしようと。本当のスタートになりました。

当時はゴールデンウィーク、夏休み、冬休みといった大型連休に合わせた、3日間乗れるフリーパスがあって、それを駆使して集めました。それ以外は、平日と土曜日は学校があるので、どうしても日曜日くらいしか動けない。でも当時、途中下車できる2日間有効の切符が販売されていて、これが助かりました。近鉄の場合はたしか、80キロ以上の切符を買うと自由に乗り降りできる仕組みで、うまく使いながら入場券を集めていきましたね。

効率よくまわるために時刻表とにらめっこしながら計画を立ててましたし、狙った駅で下車して入場券を買ったらすぐに乗る。これを延々と繰り返すと、一日で30駅くらいはいけるんです。たとえば奈良線。なんばからスタートしてうまくやり繰りすれば、すべての駅で降りて購入できます、一日で。

このユーレイルパス(周遊券)の利点は、上下線どちらにも降りられること。上下の駅舎を交互に行

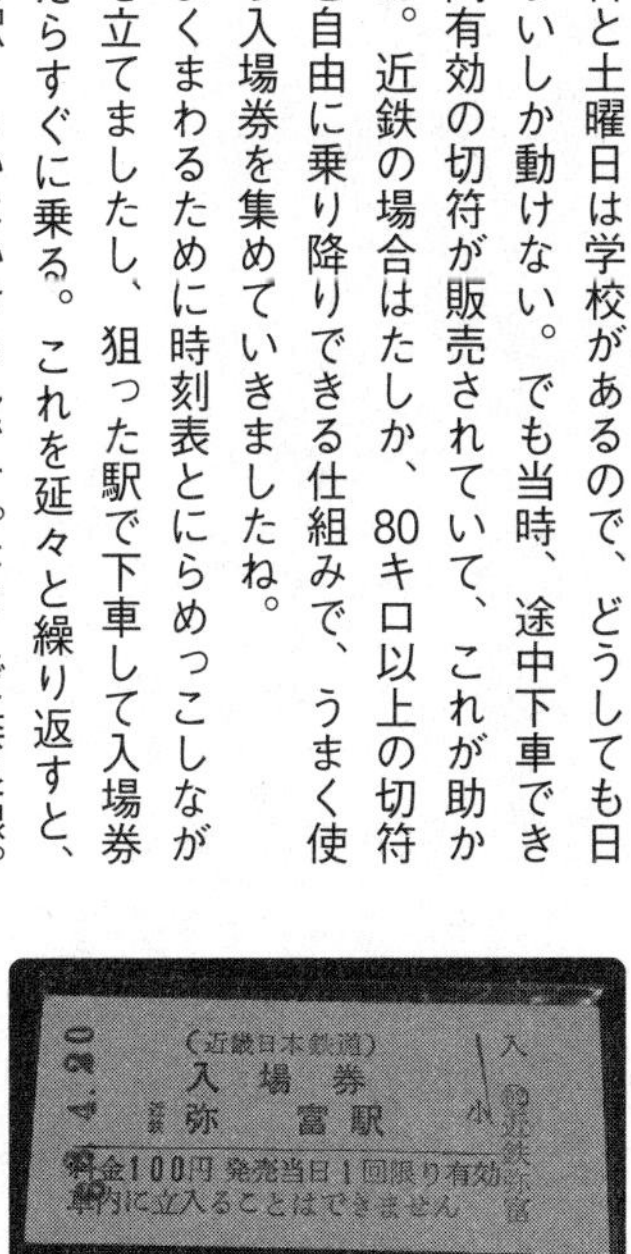

人生初めての硬券入場券

中学2年のとき、友人に勧められて硬券入場券コレクターの道へと進む。最初の一枚は昭和63年4月20日、弥富駅で購入したもの。「これが近鉄の硬券の原点ですね」。

き来しながら、硬券を買って時間調節ができるんです。具体的に言うと、今いる駅で次にくる列車に乗ります。そして、その「次の次の駅」で降りる。そこで入場券を買って、こんどは反対の線（※上りであれば下り）の列車でひとつ手前の駅に戻って買う。ジグザグに移動するイメージですね。これは本当に時間を効率よく使えて集められる方法なんです。ただ乗り遅れのリスクを回避するために、乗り換え時間が3分未満であれば避けていました。少なくとも5分は時間を取るようにしていましたね。

どれだけ時間がかかっても ルール違反はしない

そうやってまわり続けて、最後の駅がたしか吉野駅。日付を見ると平成元年の7月になってますね。だから1年3ヵ月かかりました。記憶に間違いがないなら、有人の284駅をまわったはずです。

この硬券集めはひとりでやりました。勧めてくれた友だちが写真に走っちゃったので、僕ひとりでやるしかなかったんです。その友人も、まさかコンプリートするとは想像もしてなかったと思います。進捗状況をときどきは伝えていて、そのときは「おまえ、やり過ぎちゃう？」という反応でした。主要駅の硬券だけをちょこちょこ集めるくらいに考えていたんでしょうね。まさか小さな駅までひとつずつ降

近鉄の有人 284 駅をわずか1年強でコンプリート

当時の近鉄の硬券入場券を中学２年から３年にかけて、約1年で集めきった。それらを収めるアルバムは鉄道ファンにとって貴重な資料であり、宝だ。

すべての有人駅に硬券入場券があると思うと火がついてしまいコンプリートしようと

りて収集するとは想像もしていなかったと思います。両親にも「なにやってるんだ」みたいな顔をされて。ただ父親も多少は鉄道好きだったので理解はありました。お小遣いはここに注ぎましたね。

いちばん大変だったのは単線の駅。これをまわるのが難しかったですね。さっきも言ったように、上下線の行き違いの時間帯に効率よく買いたい。でも、単線の場合は行き違いがあると一旦降りないといけない。しかも待ち時間が長いんです。いまでは1時間で2本はくる駅も、当時は1本のところも多かった。だから、ただひたすら待つことも時折ありました。駅舎のイスに座って外をボーっと眺めたり、周りをすこし散策してみたり。でもほとんど田んぼしかないという感じで。

もっとも途方に暮れたのが志摩線ですね。賢島駅と鳥羽駅の間。この区間がとても本数が少ない。最初の目的地までは特急で行けたとしても、帰りに各駅に降りるときが大変。あのときは普通の途中下車可能な切符を使ったので、上下線のジグザグ乗りができなかったんです。それではキセルになってしまうので。ルールはきちっと守りながら集めていく。これは鉄則です。各駅で降りないといけない単線はやはり時間がかかると思い知らされました。

すごくモチベーションがあがった路線でいえば、京都線、奈良線、大阪線。やはり駅数が多いので、集まる硬券の数も自然と増える喜びがありました。「今日はこれだけまわれた」という達成感は強かったですね。

硬券収集はライフワーク 近鉄は2周目を達成

初めてまわってみて、ひとつおもしろいことに気づいたんです。JRとの共同利用駅でも、たとえばJR西日本と東海では違いがあります。JR東海は近鉄との共同利用駅と言っても、基本的に自社主体でJR東海の硬券の入場券を持っている。近鉄も独自のものを販売しています。

ところがJR西日本は、入場券に関しては共同利用の形式を取っていて、JR西日本の入場券で近鉄のホームや駅の中に入れたんです。

それとよく似ていたのが近鉄名古屋駅。JRとは別の入口、要は連絡窓口のようなところがあった。そこにも近鉄の窓口が設置されていて、切符も買えるし、硬券入場券も手に入る。あとは名鉄との連絡窓口もあって、そこでも近鉄の切符が買えました。名鉄の場合、近鉄窓口側という入場券がありましたし、近鉄側も名鉄に入るための入場券売場が設けられていた。しかも名①、名②と各窓口の番号がふられた入場券を販売していました（次ページ写真①）。だから窓口ごとに買っていくと、山のように増える

ルールはきちっと守りながら集めていく。これは鉄則です

んです。
ケーブル線も当然行きましたよ。当時の生駒鋼索線は、終着の生駒山上駅まで行かないと買えなかったのですが、いまは手前の鳥居前駅で3種類すべてそろえられます。もうひとつのケーブルの西信貴鋼索線も、信貴山口駅で高安山駅の硬券が買えます。中学生のころは頂上の高安山駅まで行かないと手に入らなかったのでケーブルにも乗りました。

このケーブルの切符は細かい仕様の違いがあるので、すこしマニアックな話をさせてください。切符をよく見るとわかるんですが、駅名は終点の生駒山上駅や高安山駅になっている。それなのに、小児断線から分かれるところの駅名表示が高安山駅ではなく、信貴山口駅になっているんです（下部写真②）。こまかい話ですいません。

実は先日、近鉄さんが初乗り料金を160円に改定したタイミングで、もういちど硬券入場券をコンプリートしました。この際だから、もう一回まわってみよう、と。中学時代と合わせると、合計2周したことになります。

二回目は消費税が10パーセントになった、2019年10月1日からスタートしました。このときは休日フリーの切符を有効に使って、2ヵ月強くらいの期間でまわりきれましたね。中学生だった一回目とは違って、分刻みの乗り降りもなく、ある程

①

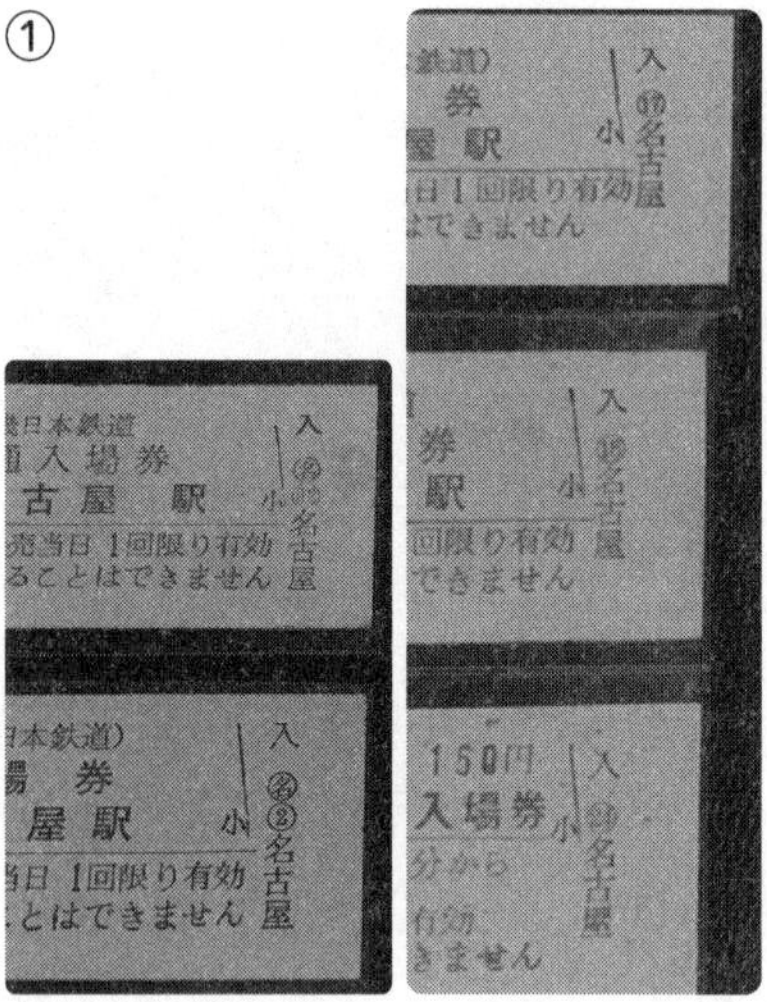

②

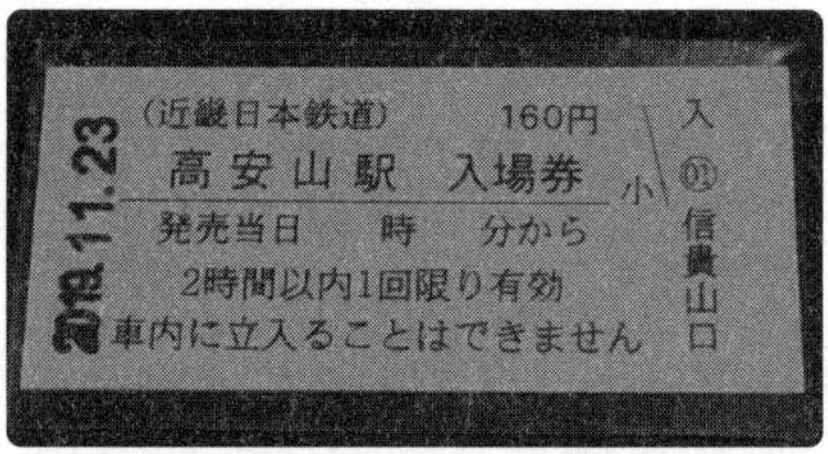

③

めずらしい入場券と
2周目のコンプリートアルバム

①名鉄と近鉄の連絡窓口で変える入場券。近鉄側には複数の窓口があり、入場券にはその窓口の番号が記載される。②ケーブル線の入場券。小児断線から分かれた駅名表示が高安山駅ではなく、信貴山口駅になるのが特徴。③中学時代の1周目、料金改定後の2周目それぞれの近鉄有人駅コンリートアルバム

度の下調べをしながら、「この駅ではこのくらいの時間を使おう」と計算を立てて。すこしは大人になれたのかもしれません。さっき話した名鉄の窓口も全部まわってますよ。事前に調べたから、番号違いのものが複数あります。漏れがないように、「こちらにも窓口があるから、ひょっとすると別の入場券を売っているかもしれない」と用心深く巡回していきました。

硬券収集はもう完全にライフワークですね。三十数年ずっと続けていますから。近鉄はもちろん、JRだけのアルバムも15、6冊ほどあります。

昨年（2022年）、JRの150周年企画ですべての硬券が発売されましたが、これには手を出していません。ためらったのは印刷の形態。以前は印刷局ごとに硬券の形がまったく異なっていて、それがよかった。だけど今回の硬券はすべて同じ印刷で――おそらく活版オフセット印刷になるのかな――とにかく同じ型の入場券ばかりで、「これは違うな」と。その当時に、駅で買ったものが、自分にとってはやはり大事ですね。

いま収集を考えているのは、相模鉄道。新横浜にあたらしい駅がつくられて、そこで以前の硬券が復刻販売されているんです。相模鉄道自体は以前すべて集めたので、この新横浜で売られているものを買えばコンプリートできる、と。狙っています。

硬券入場券の復活を心から願う

近鉄に関しては、自分の足を使ってほとんどの入場券を集めました。たぶん95・6％はそうだと思います。

それでも、どうしても手に入らない硬券はあって、たとえば自分が生まれる以前に無人駅になってしまったもの。これは他のルートと言いますか、これまで築いてきたネットワークを駆使して購入に踏み切ります。近鉄でいえば、三岐鉄道北勢線の在良駅がそうですね。あまり知られていない駅で、もともとは近鉄が運営していた路線。ずいぶん前から三岐鉄道が経営母体になっています。その在良駅が近鉄だった昭和53年に無人化されました。これは僕が3、4歳のころ。さすがに自力では無理なので、ネットワークを使うしかなかったですね。

ひとつ忘れていました。今回お見せしたかった、おもしろい硬券がありまして。一見、ごく普通の入場券なんですが、裏に番号が記載されています。で、さらによく見ると、穴が開いている。これ、実は自動改札機を通せた硬券なんです。いま入れると大変なことになりますけど。

聞くところによると、昭和50年代に近鉄だけでなく、阪急も北千里駅で導入していたみたいです。試

硬券収集はもう完全にライフワークですね。三十数年ずっと続けていますから

近鉄ファンなら押さえておきたい「珍」入場券マニアック解説

近鉄は全線を２周し、可能な限りの硬券入場券を集めてきた冨田さん。なかには当然、熱心なファンでも知らないような、めずらしい切符があります。スーパーバイザーの福原さんの解説付きで紹介します。

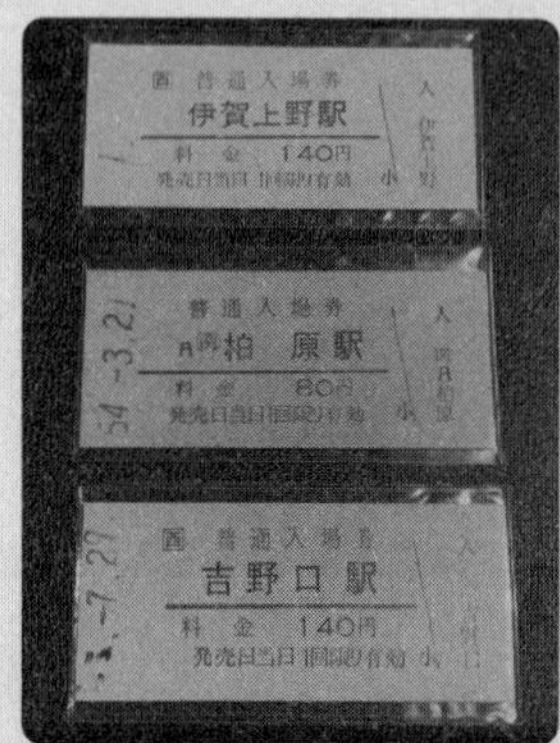

JR西日本との共同利用駅 近鉄の硬券入場券はなかった

JR西日本とのいくつかの共同利用駅では、近鉄の硬券入場券は販売されていなかった。代表例が伊賀上野駅、吉野口駅、柏原駅。代わりにJR側の入場券があったという。

■スーパーバイザー福原さん
「JRさんとの共同使用駅での入場券の発売はごく一般的です。大阪線からJR、JRから近鉄など、お客様の用途に合わせて販売していました。近鉄は改札がひとつで、ホームに入ると２つの会社があるという駅が多いために値段が異なります。当時はJRさんの値段が安く、お客様がそちらを選ばれたりなど、会社によっても違いました」

幻の一枚 生まれる前の切符を手に入れる

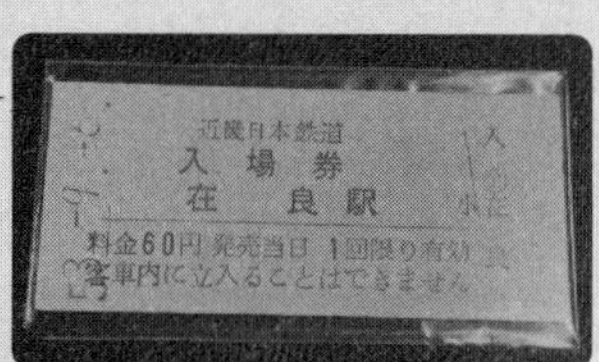

冨田さんほどの実力者でもなかなか手に入れられないもの。それは自分が生まれる前に無人となった駅の硬券入場券だ。その代表的なひとつが、現在の三岐鉄道北勢線の在良駅。「さまざまなネットワークを駆使してなんとか手に入れました」とのこと。

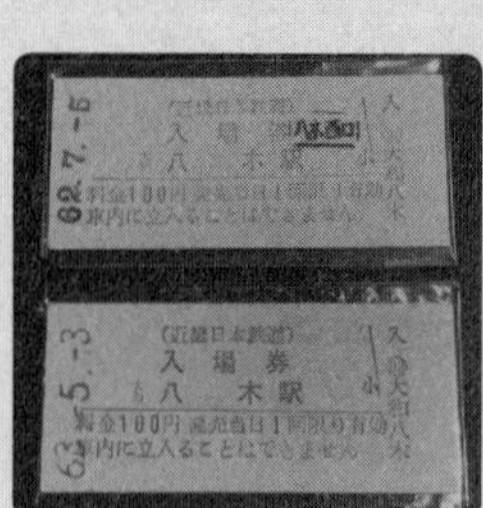

難解な構造の八木西口駅と大和八木駅

「近鉄七不思議」のひとつだろうか。大和八木駅と八木西口駅は、実はひとつの駅である。冨田さんいわく「窓口番号で変わってたんですよね。大和八木駅が02で、八木西口駅が01。同じ駅なのに窓口が別なんです。八木西口駅と示すために判子を押す。大和八木駅とは違うよ、という判子です。押していないのもありますね」

■スーパーバイザー福原さん
「八木西口駅は大和八木駅の一部で、駅としての登録はしていません。もともと八木西口が初代の駅でした。事情を知らない方が入場券を求めれば、八木西口駅のものがあると思われるんですけど、大和八木駅の入場券を渡されるので戸惑う。そのため、ひとつの駅だと証明するために判子を押しています。冨田さんの言われた通り、メインの八木西口駅が01で、サブ的な02が大和八木駅。歴史がそこにあるんですね」

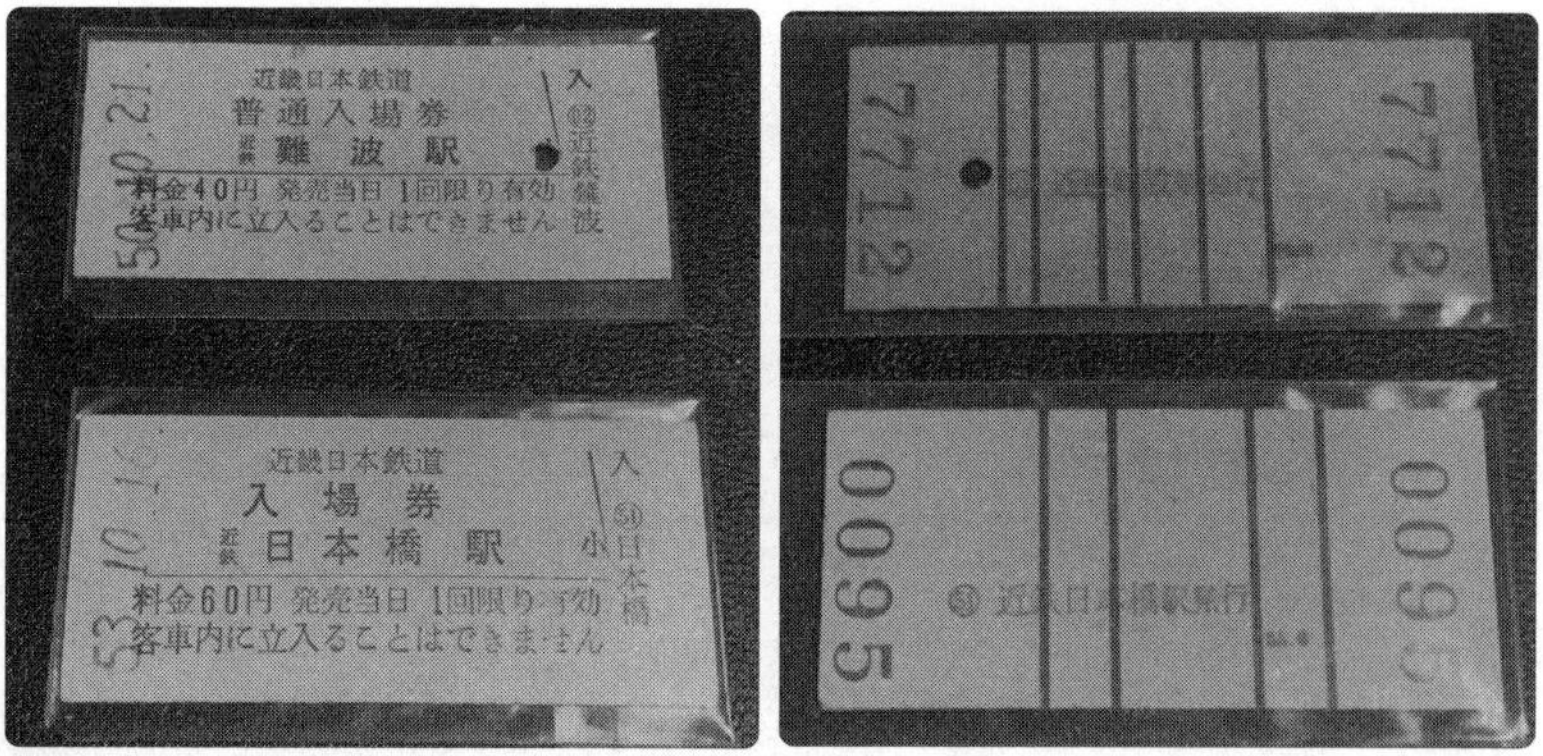

いまではあり得ない!?
自動改札を通せた硬券入場券

ごく一般的な切符だが、裏に番号が記載され、穴が開いている。昭和50年代、自動改札を通せる硬券入場券が導入され、番号や穴はその痕跡。「いまは入れると大変なことになります」。

作は近鉄が早く、実際の運用は阪急が先だったそうで、競い合っていたんでしょうね。まあ、当時は自動改札にも入れられる硬券があったという話でした。

近鉄の最大の魅力は、私鉄のなかで営業距離第1位であること。だからこそ、まわりがいがある。子どものころから慣れ親しんできて、実際に入場券集めも2周しましたから。そこがいちばんでしょうね。特急がすごく身近な存在なのもありがたいです。収集がひと通り終わったあとの帰り、「特急ですこしぜいたくしようか。それとも在来線でのんびりしようか」と、うれしい悩みを提供してくれて、乗る側としては楽しんでいます。

乗車の話でいえば、いまも走っている、2610系の垂直のボックスシートが好きでした。すべてロングシート化されたのはすこし残念ですね。

硬券入場券がすべて廃止されたのも（※2022年3月）、収集鉄としては寂しさを感じます。いまは券売機だけなので、願わくば復活してほしい。正直に言うと、券売機の入場券ではどうしても収集欲がわかず、コンプリートしようという気持ちにはなれません。やはり硬券にこだわりたいんです。近鉄さん、なんとかよろしくお願いします。

硬券入場券がすべて廃止されたのは収集鉄としては寂しさを感じます

オフショット！

第3章

ようこそ、近鉄妄想鉄道の旅へ

編集部お断り

ここからの企画はタイトルの通り、あくまでも妄想鉄としての一個人の意見を掲載しています。この章の内容については、近鉄はじめ各鉄道会社様とは一切関係ありませんのでご了承願います。

直鉄

M01

なおてつ

Naotetsu →

基本情報

https://naotetsu.sakura.ne.jp/index.html

会社名	直鉄			運行区間	海南～出町柳ほか
路線数	4	運行種別	4 種	その他事業	バス、航空、博物館
特徴	直鉄本線の営業キロ数は 120 キロ以上。 ほかに、びわこ京阪奈線、首都圏の麹町線、横浜外環状線も運行。				

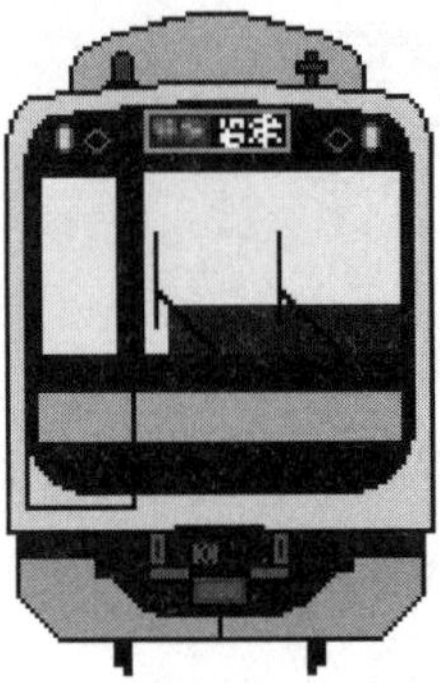

100系

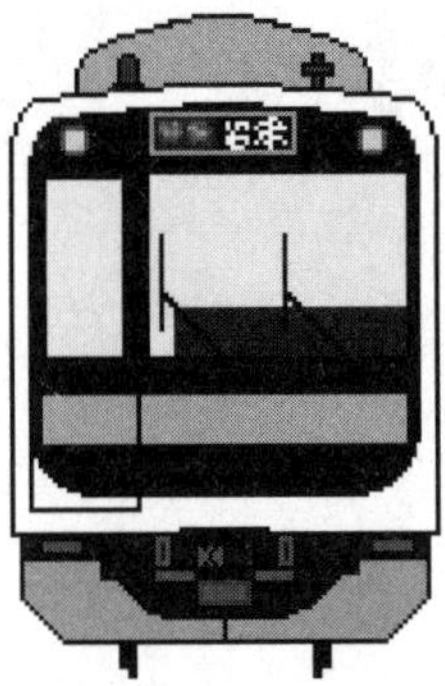

200系100番台

200系

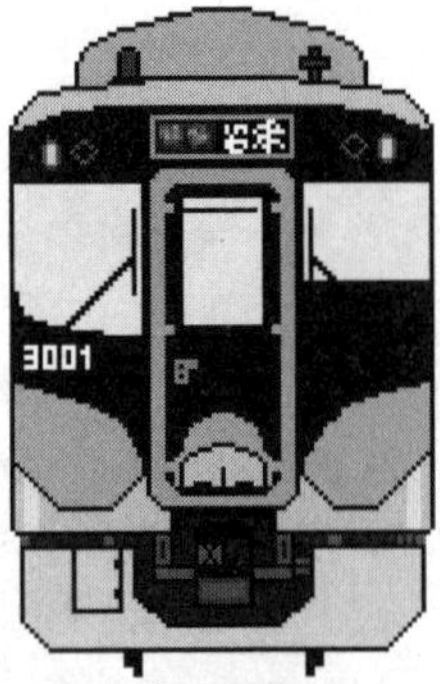

300系

停車駅

←近鉄線方面　直鉄線方面→
特急いずみ
快速
準急
普通
直鉄本線
近鉄南大阪線・近鉄長野線
Minamikuwatsu
Tobusijyoumae
Hirano
Kireuriwari
Higashitakaminosato
Hatsushiba
Senbokuhigashiyama
Momoyamadai
Akasakadai
Izumicyuo
Karakuni
Ayumino
Rarapotoizumi
Mori
Minamikumatori
Kumatori
Hineno
Uki
Inunakiyama Onsen
Zinzu-Onsen
Kokawa
Ryumon
Momoyama Town
East End of Kishigawa Ohashi Bridge
Kishi
Nogami
Kinan City Hall
Kainan Nishi
Kainan
Koboreguchi
Kitatanabe
Imagawa
Harinakano
Yata
Kawachiamami
Nunose
Takaminosato
Kawachimatsubara
Eganosho
Takawashi
Fujidera
Hajinosato
Domyoji
Furuichi
Kishi
Tondabayashi
TondabayashiNishiguchi
KAWANISHI
Takidanihudo
Shionomiya
kawathinagano

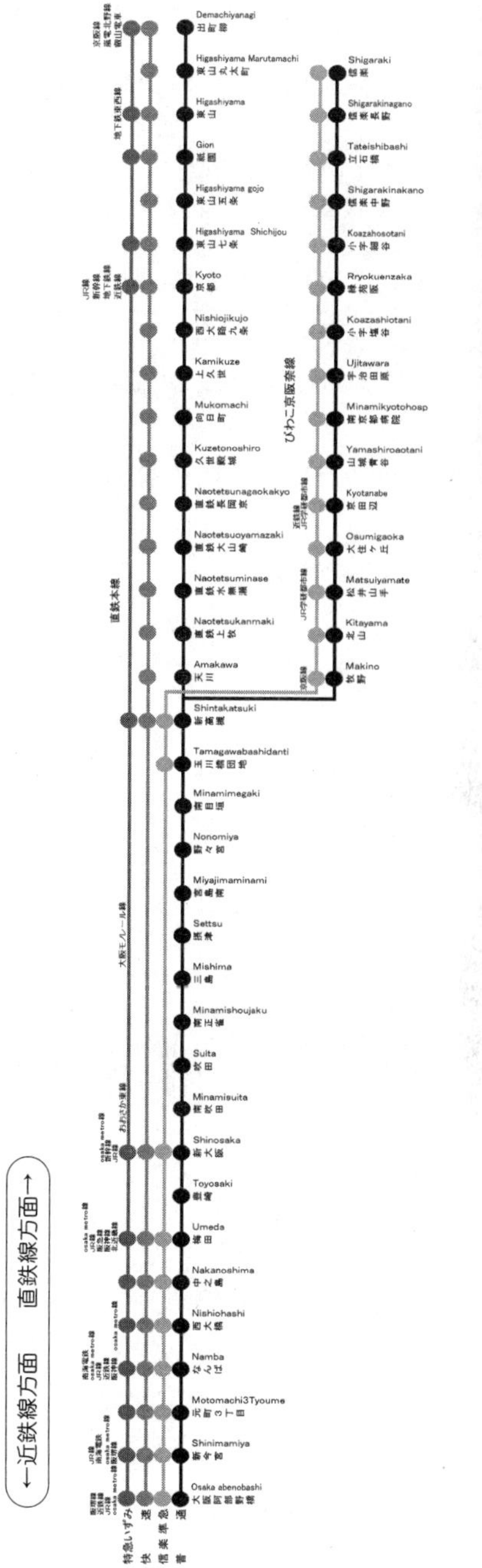
←近鉄線方面　直鉄線方面→
特急いずみ
快速
準急
普通
直鉄本線
大阪モノレール線
びわこ京阪奈線
Demachiyanagi
Higashiyama Marutamachi
Higashiyama
Gion
Higashiyama gojo
Higashiyama Shichijou
Kyoto
Nishiojikujo
Kamikuze
Mukomachi
Kuzetonoshiro
Naotetsunagaokakyo
Naotetsuoyamazaki
Naotetsuminase
Naotetsukanmaki
Amakawa
Shintakatsuki
Tamagawabashidanti
Minamimegaki
Nonomiya
Miyajimaminami
Settsu
Mishima
Minamishoujaku
Suita
Minamisuita
Shinosaka
Toyosaki
Umeda
Nakanoshima
Nishiohashi
Namba
Motomachi3Tyoume
Shinimamiya
Osaka abenobashi
Shigaraki
Shigarakinagano
Tateishibashi
Shigarakinakano
Koazahosotani
Rryokuenzaka
Koazashiotani
Ujitawara
Minamikyotohosp
Yamashiroaotani
Kyotanabe
Osumigaoka
Matsuiyamate
Kitayama
Makino

妄想鉄道 直撃アンケート

妄想鉄道に興味がわいた理由。

2002年、私が18歳の時に、架空バスという架空鉄道のバス版みたいな遊びをネット上で見つけて、そこで出会った皆様に架空鉄道を教えていただき、今に至ります。

あえて妄想鉄を運営するに至った理由をお知らせください。

現実ではできないような、自分の理想や自分がこうしたいと思えるような、それらを形にした、自分だけの鉄道を作りたくて、現在も運営を続けております。

現在の妄想路線図の状況や、ご自身のこだわりを教えてください。

路線図はGoogleマップを見ながらペイントで作っており、実在する他の鉄道会社も路線図に取り入れることで、直鉄電車がどこを走っているのかわかりやすく描きました。近畿エリアの路線図は、作っている当初、あまりにも作業が膨大すぎて本当に完成するのかな…自分でもそう思っていました（※編集部注・広大な路線図は直鉄さんのHPをご覧ください）。

現在運営している、妄想鉄道のダイヤ概要を教えてください。

特急と快速を交互に15分間隔で、普通を12分間隔で運転しています（直鉄の特急は特急券なしで乗車可）。

今後の御社の妄想路線はどのような展開をお考えですか？ ダイヤ改正並びに種別増加、延伸予定、新計画などのビジョンをお聞かせください。

今後も自分の好きを大事にして、現実の鉄道に乗ってみてここは良かったな、楽しいなと思える部分があればそういう部分を直鉄でも取り入れていきたいと思います。

車両編成

【グリーン車がある電車】
快速・信楽準急・準急

【グリーン車を連結している電車】
200 系 100 番台・300 系

【グリーン車を導入している路線】
直鉄本線・びわこ京阪奈線

快速、信楽準急、準急、基本編成
←海南　出町柳・信楽→

1	2	3	4	5	6	7	8 (グリーン車)	9 (グリーン車)	10	11	12

1	2	3	4	5	6 (グリーン車)	7 (グリーン車)	8	9	10

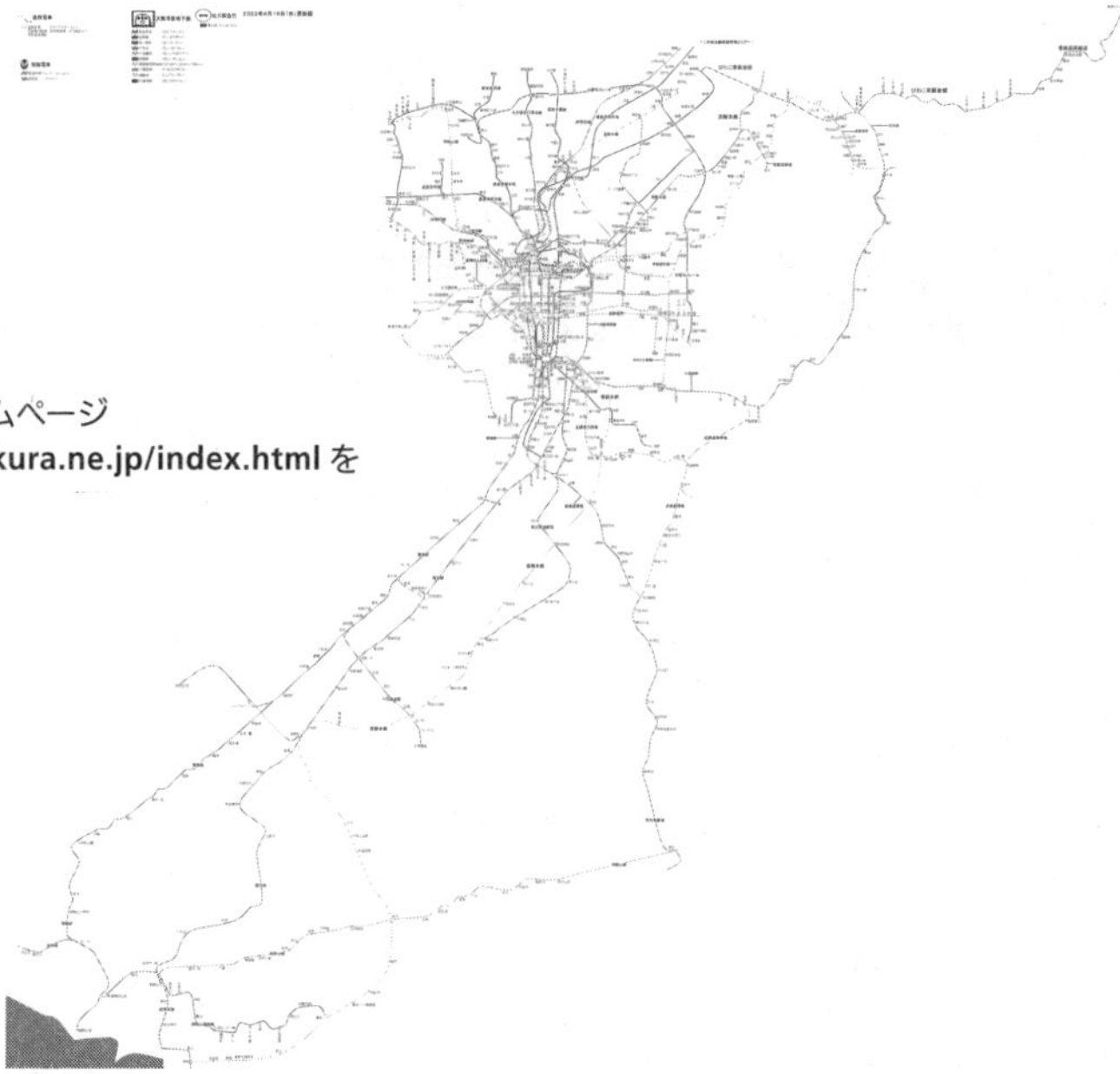

詳しい路線図はホームページ
https://naotetsu.sakura.ne.jp/index.html を
ご覧ください

久野の目

あったらいいな！が叶う!? 個人的生活圏が網羅！ 今すぐ乗りたい！

ＪR、阪急が並行して走っているところに本線をさらに並行させてしまうのが大胆で好きです（笑）高槻・高槻市・新高槻とそれぞれ駅名が異なるのも◎一方、吹田は頑なに吹田駅で統一され3社が乱立しているのも興味深い！ それぞれ徒歩15分くらいで乗り換えられるのでしょうか？（笑）出町柳〜中之島〜南海電鉄・和泉（泉州）エリアから和歌山県、北は信楽まで伸びているのも自由＆壮大すぎ！もし学生時代に開通していたら、きっと大学の帰りにふらっと出町柳から貴志辺りまで乗り通し、たま駅長に会いに行ってしまっただろうなぁ（笑）

南田の目

鉄道・バス・飛行機と多角的経営 WEBサイトは充実した情報量！

WEBサイトが実際の鉄道会社のように読み応えがあります。車両も変化に富み、お客様のニーズに合わせた車両編成。台湾でも路線展開している点も注目です。バスから鉄道業界に参入した直鉄さん。直鉄バスの路線図も素晴らしい。難波駅からインテックス大阪までのバスは欲しい。ん？ 直鉄航空!? 航空事業まで！ 但馬空港から香港、台湾への国際便！ ぜひイミグレーションしてみたい。飛行機の座席配置は新幹線スタイル!? こだわりはこの誌面だけでは伝えきれません！ ぜひWEBをご覧ください！

大阪電鉄 M02

おおさかでんてつ

Osaka Railway →

基本情報

https://osakarailway.jimdofree.com/

会社名	大阪電鉄	運行区間	新開地〜梅田〜大津〜米原（京神線・米原線）		
路線数	7	運行種別	6 種 （京神線・米原線の例）	その他事業	なし
特徴	京神線・米原線は兵庫から滋賀まで、近畿地方を斜めに走る路線。 徳島〜新宿の寝台特急も運行している。				

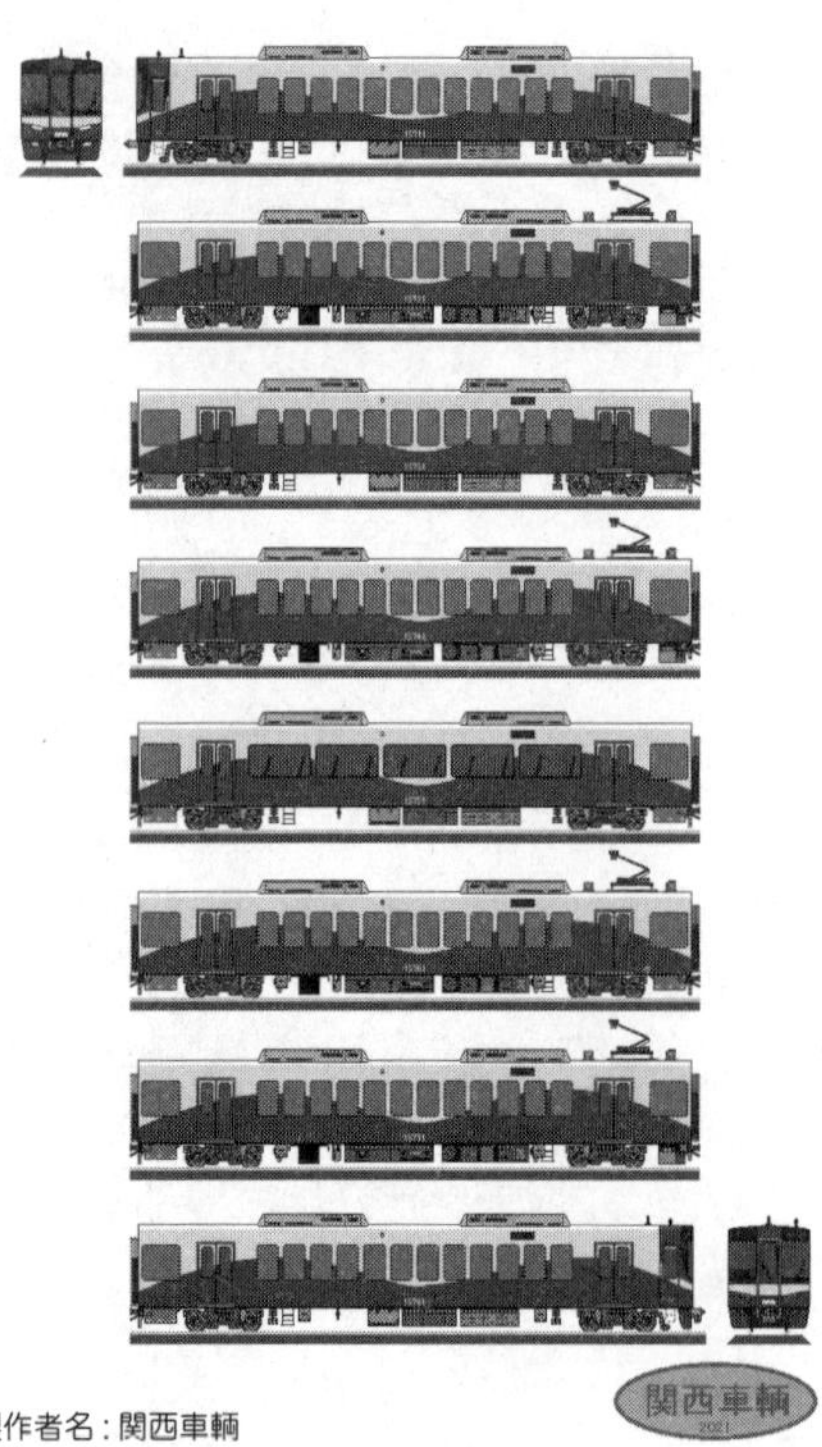

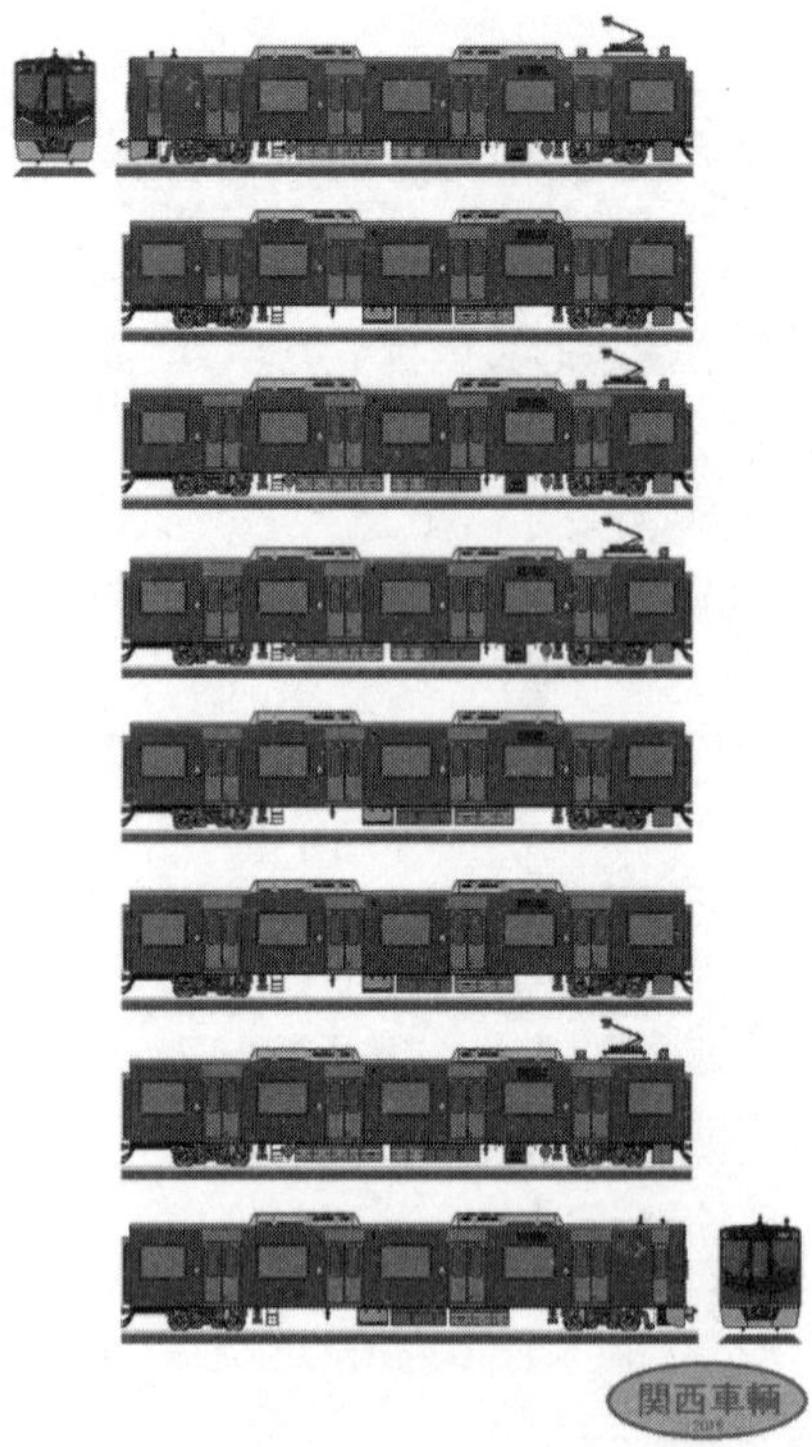

製作者名：関西車輌

停車駅・時刻表

NJAE淡路本線（岩屋～長田）／大阪電鉄　京神線・米原線

	岩屋	松帆	明石海峡中央	淡鉄舞子	嵩丸	青山台	はりま下畑	須磨寺	鷹取	長田	新開地	大電神戸	大電三宮	新神戸	畑原	六甲ケーブル前	大電住吉	大電三番町	甲陽園	大電甲東	常松	南野	上食満	弥生ケ丘	大島町	大電十三	大電福島	大阪梅田	長柄	豊里	大阪検車区
特急あわじ	●										0		4	6														30			
なにわ路ライナー											0		4															29			
新快速	●	●		●				●		●	0		4	6		11				20						29		33			39
通勤快速											0	2	5	7						20				26		30		34			
快速											0	2	5	7		12				21				27		31	34	36			42
各駅停車														0	3	6	9	14	17	19	21	24	27	29	32	34	37	39	42	46	48
業務用																															

100以降は100の桁を省略です。
●●は一部停車
直通区間では直通種別のみ掲載しています

大阪電鉄（鳥飼～米原）／名滋電鉄線（山室～大垣）

	鳥飼	大電摂津	唐崎南	大電茨木	高槻中央	梶原	江川	大電山崎	大電橋本	大電向日	牛ケ瀬	西大路	京都	大電山科	大電追分	大電大津	大電北大路	瀬田南	大電草津	大電野洲	大電篠原	友定町	東近江	豊郷	犬上川	大電彦根	鳥居本	米原	山室	村木	名滋山中	名滋関ケ原	名滋垂井	大垣
特急あわじ													56															117						●
なにわ路ライナー					43								57						78							115		120	●	●	●	●	●	●
新快速					48			54					63	69		74			87	93			112			127	130	133	●	●	●	●	●	●
通勤快速		44		48	51			57					66			75	79	85	91	97	103	111	118	125	130	135	138	141						
快速		47		51	54			60					69	75	78	81	85	91	97	103	109	117	124	131	136	141								
各駅停車	51	54	57	59	62	65	68	71	75	79	81	83	86	92	95	98																		

寝台特急すま　停車駅案内

徳島	徳島空港口	福良港	洲本塩屋	新開地	大電三宮	大阪梅田	京都	大電大津	米原	大垣	名滋名古屋	豊橋	浜松	東海袋井	静岡	東海富士	三島	小田原	NK平塚	横浜	新横浜	新宿
●	●	●	●	●	●	●	レ	レ	レ	レ	レ	レ	レ	レ	●	●	●	レ	レ	●	●	●

NJAE淡路本線　大電京神線・米原線　名滋電鉄本線　東海電鉄線　NK湾岸線　NK横浜線

大阪電鉄京都線　普通列車上り　大阪駅時刻表　平日

時	分
4	●津40 ●園50
5	津0 津10 園20 津30 津40 園50
6	津0 津10 園20 津28 津36 園44 津52
7	津0 津7 津14 園21 津28 津35 津42 園49 津56
8	津3 津10 園17 津24 津31 津38 園45 津52 津59
9	津6 園13 津20 津28 津36 検43 園48 津56
10	津4 津12 園20 津28 津38 園48 検54
11	津0 津10 園20 津30 津40 園50
12	津0 津10 園20 津30 津40 園50
13	津0 津10 園20 津30 津40 園50
14	津0 津10 園20 津30 津40 園50
15	津0 津10 園20 津30 津40 園50
16	津0 津10 園20 津30 津40 園50
17	津0 津7 津14 園21 津28 津35 津42 園49 津56
18	津3 津10 園17 津24 津31 津38 園45 津52 津59
19	津6 津13 園20 津27 津34 検41 園48 津55
20	津2 津9 園16 津23 津30 検37 園45 津53
21	津1 検5 津12 園20 津28 津38 園48 検54
22	津0 津10 園20 津30 津40 園50
23	津0 津★10 京20 京30 高40 高50
24	検0 検10 検20 検30 検40　★→終点で東山丸太町行終車接続
凡例	園 御園橋西詰　津 大津　京 京都　検 大阪検車区　高 高槻

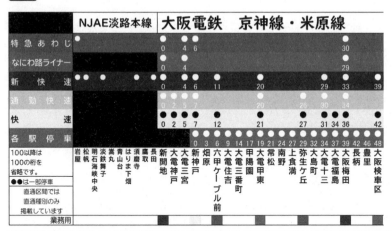

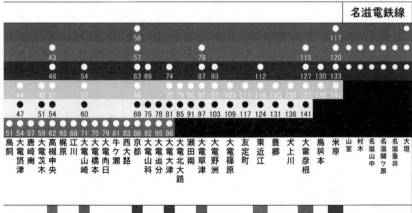

妄想鉄道直撃アンケート

妄想鉄道に興味がわいた理由。

小学5年生の頃、友人と始めた家をモチーフにした完全架空の鉄道が始まりです。特にプラレールや模型を家に走らせていたというわけでもなく、リビングルームに一駅、寝室に一駅、玄関に一駅みたいな感じで、各部屋に一駅ずつ駅を設定して、それを一つの路線としていました。その後、自分の家を飛び出し、自分の家から最寄り駅までの路線を作ってみたり、学校までの路線を作ってみたりと、身近な範囲内で作っていました。その後のある日、インターネットで鉄道の情報を調べていたら、ある一つの架空鉄道のウェブサイトにたどり着きました。その時、「これだ！」と思ったんです。自分も、身近な範囲を飛び越えて、あれぐらいでかいのを作りたいと思うようになりました。それからは、他の妄想鐵道さんのウェブサイトも複数見てみて学び、今の架空鉄道の一番の原型となる鉄道を一つ作りました。そのグループ会社として立ち上げたのが現在の大阪電鉄です。

あえて妄想鉄を運営するに至った理由をお知らせください。

一番はやっぱり自分の理想の鉄道を作りたいと思ったことだと思います。現実に存在している鉄道会社を自分なりに運営してみることも考えましたが、やはり自分が一から作った鉄道会社を運営する方が楽しさをより感じることができました。「あ～したいな～」「こうしたいな～」なんて欲望を満たしていたら気づいたら大きくなっちゃいました。二番目に臨時列車だと思います。自分は臨時列車に乗るのが割と好きな方で、「こんな列車を設定したいな、だからこんな路線が欲しい」って感じで路線が増えていくケースも多々ありました。路線網が広いとそれだけいろいろな場所へ行けますので。

現在の妄想路線図の状況や、ご自身のこだわりを教えてください。

現在の大阪電鉄は完全にJR西日本様に対抗しています（笑）。メイン路線の京神線と米原線という2つの路線は、東海道線（JR神戸線・JR京都線・琵琶湖線）に似たルートで走っています。この路線は東海道新幹線の横を走るっていう謎な設定になっていまして、歴史上ちょっとあり得ない設定になっています。他には、大阪市を環状する路線、関空までの路線、奈良までの路線、天理までの路線、京都～泉佐野の方までの路線があります。どれも既にある路線にかなり酷似したルートになってしまっています…。僕が路線を設定している時に心がけているのは、線形・駅の設置場所・改変をしないです。余りにも直角カーブが連続しているとスピードを出せない、かといって直線すぎると不自然なので、ある程度カーブさせ、線形を良くしています。そうしないと既に存在している路線に流石に対抗できませんから…。駅の設置場所は、住宅とかはできるだけ潰さないようにしています。住宅街の方は、道路が結構細かく敷かれており、駅を置くにはちょっと不自然だと思っています。大きい駅とかだと駅前の百貨店や家電量販店、郊外の駅とかだとショッピングセンターとか、敷地が大きい所に駅を置いています。その店自体はなくなってしまいますが、区画が大きいので道路が邪魔をしないんです。そういうところに駅があれば道路も不自然にならなくてよいので、そうしてます。あと改変をしないってのは結構僕が強く思っていることなんです。妄想鉄をやっていると、路線の都合でこの路線邪魔だなみたいなのがでてきてしまうと思うんです。実際僕もそうです。そうなってくると多くの方は、その路線を無かったことにしてしまい、自分の路線をメインにすると思います。僕はそうしてしまうと自由過ぎるかなって思い、あえて改変していません。まぁそんな謎な縛りをしているので、割とガチガチに競合してしまっていることも結構あるんですが（笑）。

現在運営している、妄想鉄道のダイヤ概要を教えてください。

ガチガチにダイヤを組みたいとは思っていますが、今のところ進捗率0%なので、妄想の段階でお話しします。どの路線も大阪近郊を走っているため、各駅に止まる普通電車は最低毎時2本確保しようと思っています。私鉄ですし、そこまで短距離の路線もないので、優等列車ももちろんあります。路線によって種別数などはまちまちですが。後は、有料特急の退避は絶対に多くしたいです。追加料金不要の最優等種別が絶対に有料特急に抜かれるダイヤを組みたいんですよね。そうすれば特急の方が早いと思う人が増えて、特急利用者が増えて会社的に嬉しいですから（笑）。

今後の御社の妄想路線はどのような展開をお考えですか？ ダイヤ改正並びに種別増加、延伸予定、新計画などのビジョンをお聞かせください。

今後は、いかに現実路線からお客さんを奪えるかを考えたいですね。快適なサービスを提供するのか、速達化をするのかはまだあまり考えていませんが。今後やりたいことは、追加料金の不要の優等列車にも首都圏で言うところのグリーン車みたいなものを設定したいと考えています。着席保証列車が少し前まで現実でも流行りでしたから。私もそういった少しランクが上の座席には乗りたいなと思います。後は、観光列車を走らせたいです。私鉄ってやっぱり売りの物がないと私鉄らしくないと思うので、それの一つの材料として、観光列車が欲しいです。そのためにはダイヤを組まないと設定できませんが（笑）。

久野の目

驚き&強気の路線網企業理念に脱帽!
HPの「ホンモノらしさ」にも注目♪

JR西日本さんに、真っ向から戦いを挑む姿勢が素晴らしい（笑）個人的には直鉄さん（P146）同様に住んでいたことのある高槻の駅が「高槻中央」になっているのが気になる!ありそうでなかった上にターミナル感もありますが、何をもって中央と定義されるのかしら？（JRと阪急の間くらいにあるとか……？笑）HPに掲げる「安く、早く、京阪神」のコンセプトとロゴも格好いい!関西は、京阪さんの「京阪のる人、おけいはん」や南海さんの「“なんかいいね”があふれてる」などキャッチコピーが光る会社が多いので、より関西私鉄感が増しますね◎

南田の目

ライバルを意識した攻めの運営
寝台特急「すま」は画期的な路線

各鉄道会社がしのぎを削る近畿エリアに参入。ＪＲ西日本というライバルを相手に、より充実した路線や車両が誕生しています。朝4時台に始発、終電は24時40分と1日たくさんのお客様を運びます。しかも24時台も10分間隔の運行を実現、車両や乗務員の確保は大変だったと思います。特急「あわじ」は速いなぁ。「新快速」という種別を遠慮なくライバルから拝借するあたりはなかなか強気。ユニークなのは寝台特急「すま」。淡路島経由の徳島。ここに線路が通れば便利になるはず。列車名も好感が持てます。

京神電鉄 M03

けいしんでんてつ

Keishin Electric Railway →

基本情報

https://keishin-electric-railway.jimdofree.com/

会社名	京神電気鉄道株式会社			運行区間	神戸三宮～祇園前ほか
路線数	6	運行種別	7種	その他事業	バス、流通
特徴	京都から兵庫を走る京神電鉄。阪神本線、なんば線から近鉄奈良線への乗り入れも行っている。架空の交通系ICカード「Key Card」も発行。				

路線のご案内 Route Map

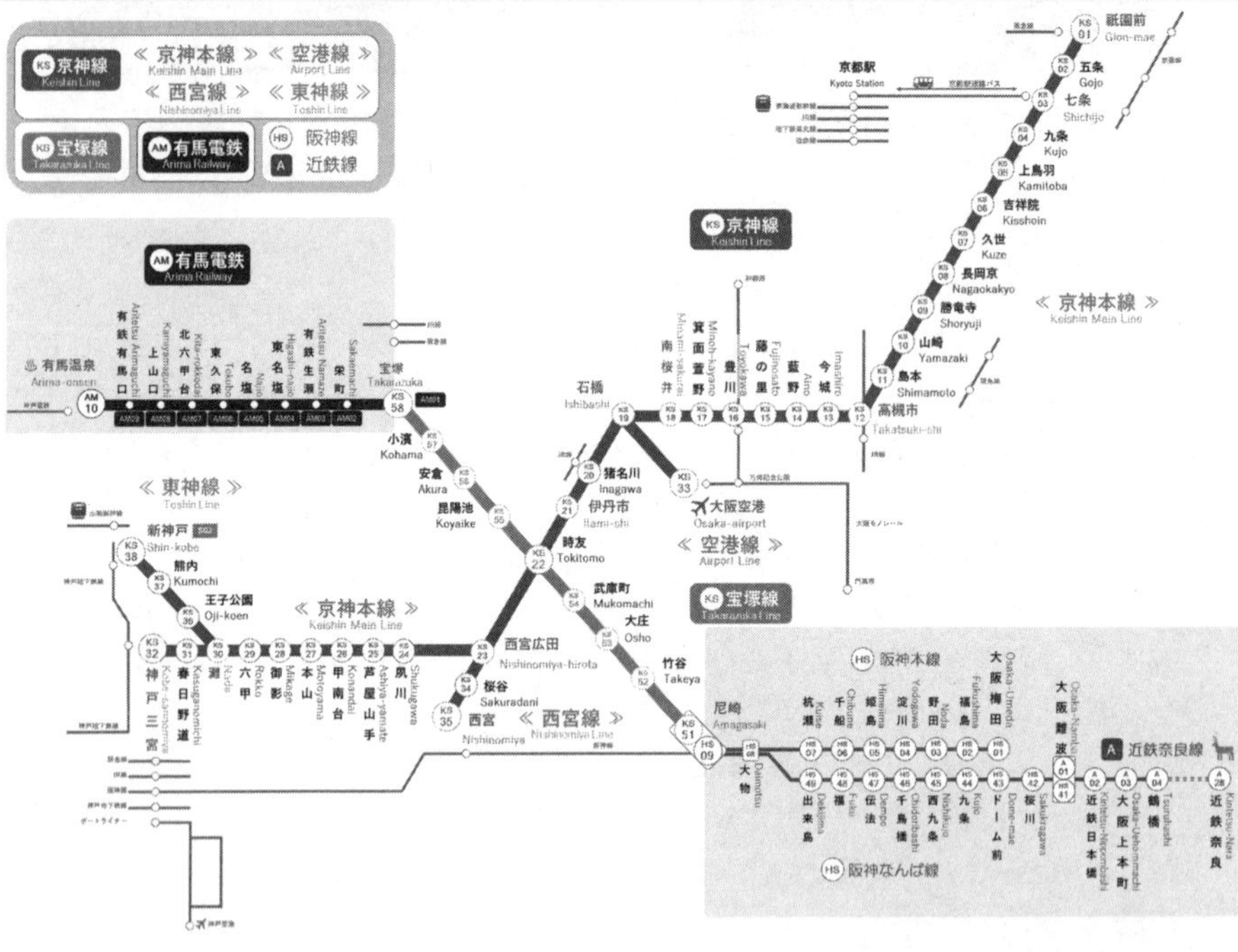

停車駅

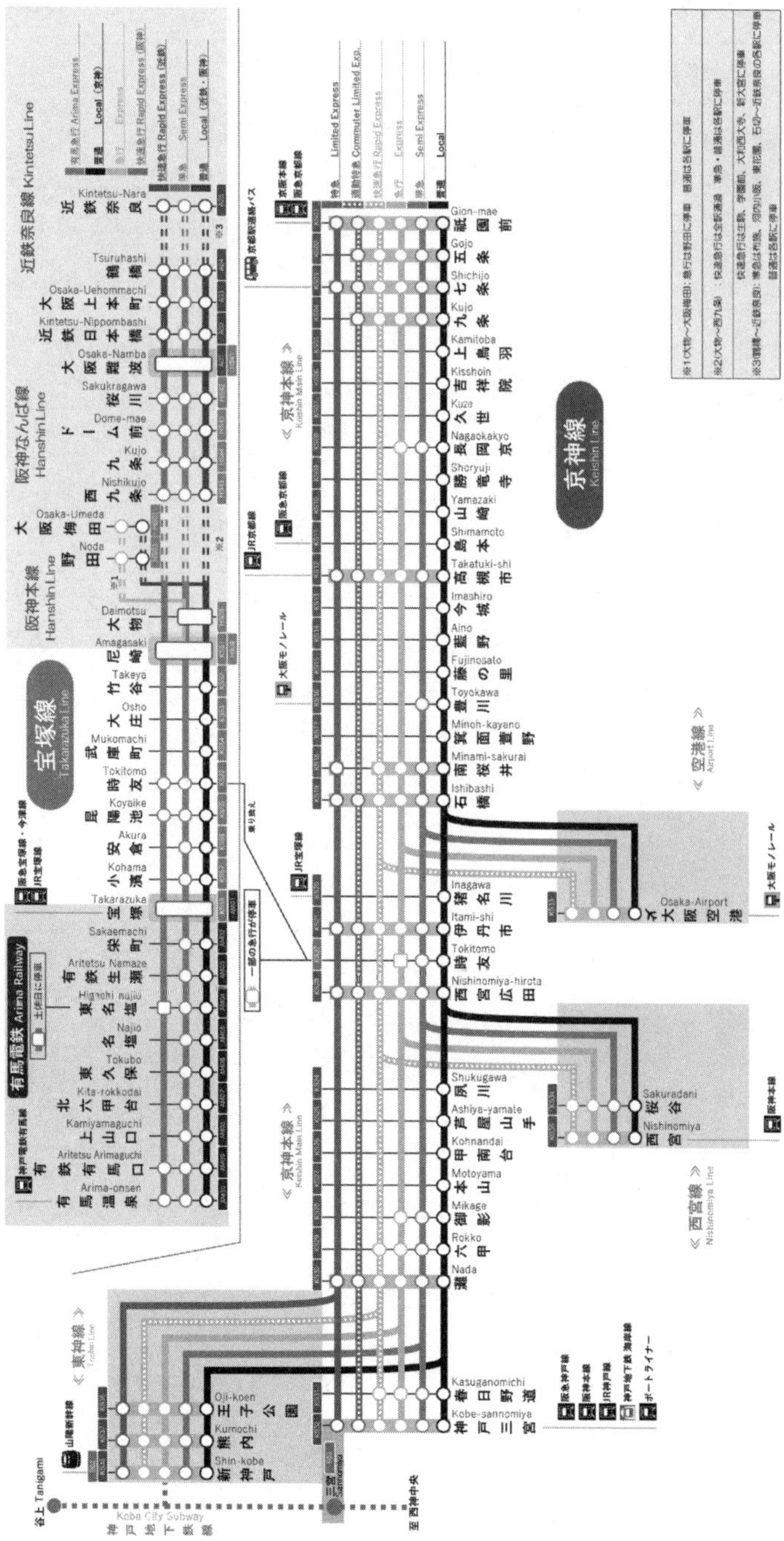
京神線 Keishin Line
京神本線 Keishin Main Line
宝塚線 Takarazuka Line
阪神なんば線 Hanshin Line
近鉄奈良線 Kintetsu Line
阪神本線 Hanshin Line
有馬電鉄 Arima Railway
空港線 Airport Line
西宮線 Nishinomiya Line
東神線 Toshin Line

妄想鉄道直撃アンケート

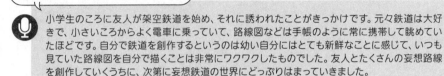

妄想鉄道に興味がわいた理由。

小学生のころに友人が架空鉄道を始め、それに誘われたことがきっかけです。元々鉄道は大好きで、小さいころからよく電車に乗っていて、路線図などは手帳のように常に携帯して眺めていたほどです。自分で鉄道を創作するというのは幼い自分にはとても新鮮なことに感じて、いつも見ていた路線図を自分で描くことは非常にワクワクしたものでした。友人とたくさんの妄想路線を創作していくうちに、次第に妄想鉄道の世界にどっぷりはまっていきました。

あえて妄想鉄を運営するに至った理由をお知らせください。

ある程度、競合路線や、地形、沿線の発展度合などの制約を考慮に入れる必要はありますが、それでも「ここにあったら便利だな」と思う鉄道を自由に描ける妄想鉄道に魅力を感じています。まだホームページを開設していないころ、紙媒体に自分が思い描く未成線の姿を路線図などで描き始め、何枚も路線図や地図を描いたのちに、いつの間にか妄想鉄道の運営を始めておりました。今の京神電気鉄道はかつて自分が紙面に描いた路線のひとつです。

現在の妄想路線図の状況や、ご自身のこだわりを教えてください。

京神電気鉄道の路線は、京神線と宝塚線の2路線で構成されています。京神線は、『京神急行電鉄』という未成線が元になっており、大阪中心部を経由せず、大阪北部を経由して京都―神戸間を結んでいます。宝塚線は、尼崎―宝塚間の路線で、現在の兵庫県道の尼宝線沿いに路線があり、かつて計画されていた『宝塚尼崎電気鉄道』という未成線が元となっています。起点の尼崎では阪神電車と接続し、終点の宝塚では有馬温泉方面へとつながる有馬電鉄（京神電鉄の子会社）と接続しています。未成線をもとに作り上げた鉄道ですが、未成線計画のそのままではなく、既存路線との競合、沿線状況、市街地の発展度合に基づいて改変し、現実味の増した路線となるように心がけています。

現在運営している、妄想鉄道のダイヤ概要を教えてください。

京神線は、日中では祇園前―神戸三宮間の輸送を主とし、特急・準急・普通が4本/時ずつ運行しており、加えて祇園前―大阪空港間を急行が2本/時運行します。朝夕ラッシュでは上記の区間に加え、神戸市内への乗入需要も考慮し、快急が4～5本/時、通特が2本/時、急行が1～2本/時、準急・普通が6本/時ずつ運行されます。この時間帯では快急と通特の一部が神戸市内への乗入需要を担います。さらに、朝ラッシュ時間帯に限り、快急・急行・準急が西宮線から本線に直通する運用も行います。宝塚線は、終日基本ダイヤとして普通が4本/時の線内折り返し運行を行います。それに加え、阪神線乗入の準急が2～3本/時で運行されています。ただし、朝夕ラッシュ時は普通6本/時で運行される他、多客期と土日祝日は、有馬電鉄に直通する有馬急行が2本/時で運行されます。両線ともに、日中時間帯とラッシュ時間帯の境では途中駅折り返しの列車や、出入庫に伴う間合い運用等も設定されています。

ご自身の作品で、快心だと思われた妄想路線図を教えてください。

今の京神電鉄の全線路線図です。関西私鉄に多い、路線が斜め方向に描かれた路線図に憧れがあり、自分の架空鉄道にもそのような路線図デザインを採用しようと思い、今の路線図が完成しました。京神線と宝塚線で大きくXの字を描くような路線図が非常に気に入っております。

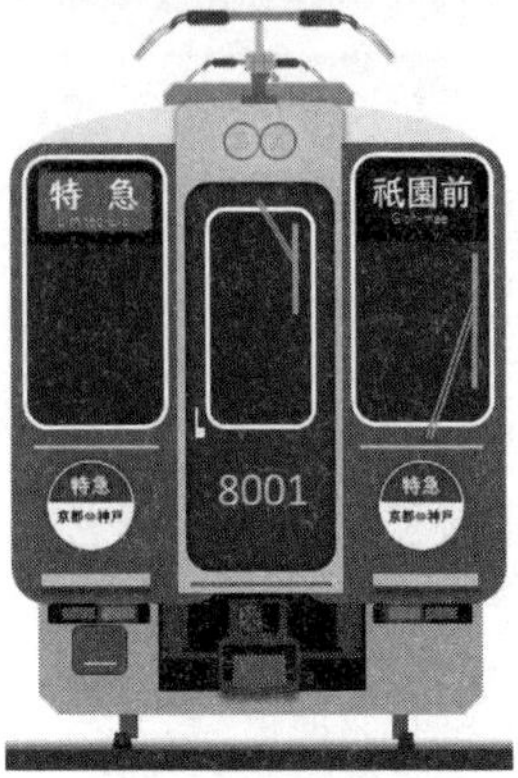

今後の御社の妄想路線はどのような展開をお考えですか？ ダイヤ改正並びに種別増加、延伸予定、新計画などのビジョンをお聞かせください。

北大阪急行線の延伸に伴って、京神線沿線から大阪市内へのアクセス向上を目的に、箕面萱野駅を優等種別の標準停車駅にする計画があります。それに伴い、京神線の停車駅を、伊丹・北摂エリアから大阪市内方面への通勤通学需要を考慮した停車駅パターンに変更予定です。また、京神線は元々急行線として開業した経緯があり、駅間が長い区間が多くあります。そのため、駅間短縮と利便性向上を目的に、新駅として久世～長岡京間に「乙訓駅（仮）」、豊川～箕面萱野間に「青山台駅（仮）」、時友～西宮広田間に「武庫川駅（仮）」を新設する予定です。さらに、箕面萱野ー北千里間に新線計画や、京神本線の優等種別に有料座席指定車両を導入することなども考えています。

久野の目

関西私鉄・東部エリアの魅力全部載せ!?
祇園～大阪空港のダイレクトアクセスは熱い！

京津急行電鉄や宝塚尼崎電気鉄道など、未成線ながら鉄軌道が検討されていた歴史的背景にヒントを得て運営されていることもあり、本当に営業してるのでは!?と錯覚するようなクオリティに驚き＆感心です!!車両は阪急さんを彷彿させるビジュアルで、本エリアでとても馴染みますね。颯爽と走っている姿が目に浮かびます◎ KeyCardもイマドキで素敵!デザインも、さもありなん!というバランス感覚でアッパレです!運営中の“久野沖縄鉄道（「鉄道とファン大研究読本」P172）”にも、導入したいな～（笑）2024年の新駅誕生も楽しみにしてます♪

南田の目

お客様思いのKey Card
設定の細かさがイマドキ

なんといってもKey Card。とにかく設定が細かい。鉄道からバスで90分以内の乗り継ぎで、130円の割引が受けられる！　しかもポイント制でそのポイントは1円として使えるという、実にイマドキです。デザインも最近新しくなったとのこと。ぜひ旧バージョンのKey Cardも持ちたいですね。あとはこの電車、なんとなくマルーン色と思ってしまいがちですが、じつは意外な色なのでぜひWEBをご覧いただきたい。ちなみにWEBには延着証明の表示もあり、かなりリアルに作られています。役員構成も要チェック！

瑞原急行鉄道 M04

みずはらきゅうこうてつどう

Mizukyu Railway →

基本情報

https://mizuhara-railway.jimdofree.com/

会社名	瑞原急行鉄道			運行区間	梅田～姫路城前、大庄～宝塚ほか
路線数	7	運行種別	7種	その他事業	バス、フェリー、モノレール、プロ野球チームなど
特徴	営業キロが200キロ近くある大手。バスやフェリーのほか、モノレールやプロ野球チームも運営。また、瑞急文学と題し、沿線を舞台にした物語もHPに多数掲載。				

「瑞急文学」概要

瑞急電車のHPで沿線を舞台にしたフィクションの物語を7作品掲載中。『深夜急行の夜』は20年6月～8月に渡り、全12話で連載された。

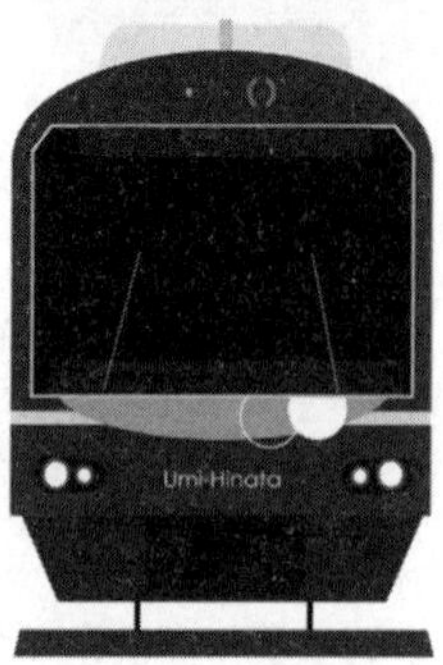

『深夜急行の夜』あらすじ

大学4回生の高崎は、旧友と久しぶりの会食を済ませた後、人生初の最終電車を経験する。大阪市内を24時27分に発つ、急行・西宮戎行きは、京阪電車の同種別を由来に「深夜急行」と呼ばれる列車だった。高崎が終点で下車をしようとすると、目の前には、白いワンピースに身を包んだ女性・深沢がぐっすりと眠ってしまっていた。彼女を起こすと、読んでいた本をお礼として貸し出したいのだという。1冊の書籍から繋がれていく2人の関係はやがて発展し、惹かれ合うことに。福男選びで一番福になったら、何でも言うことを聞く――高崎が深沢と交わした約束は、果たされるのか。深沢の最大の秘密が明かされるとき、ついに運命の歯車が動き出す。

停車駅

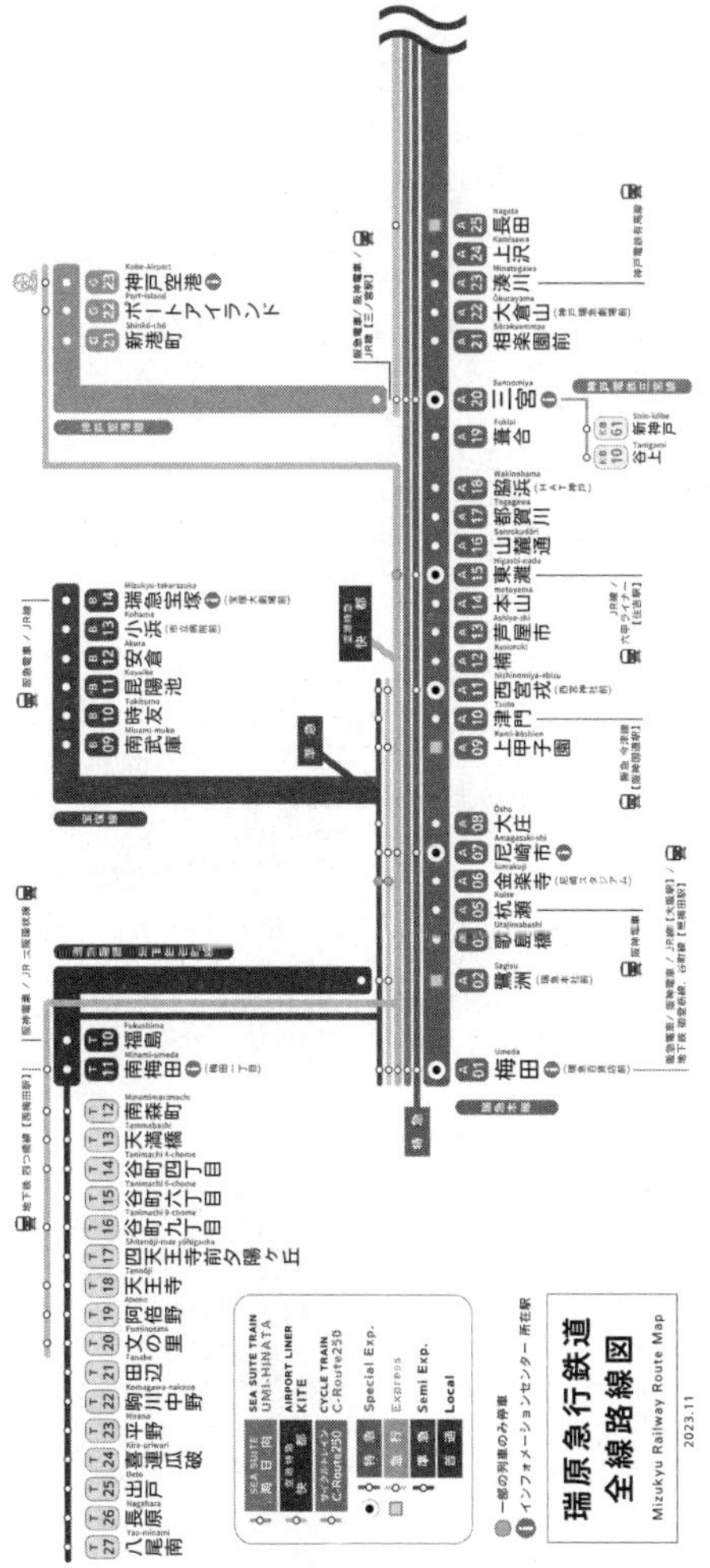

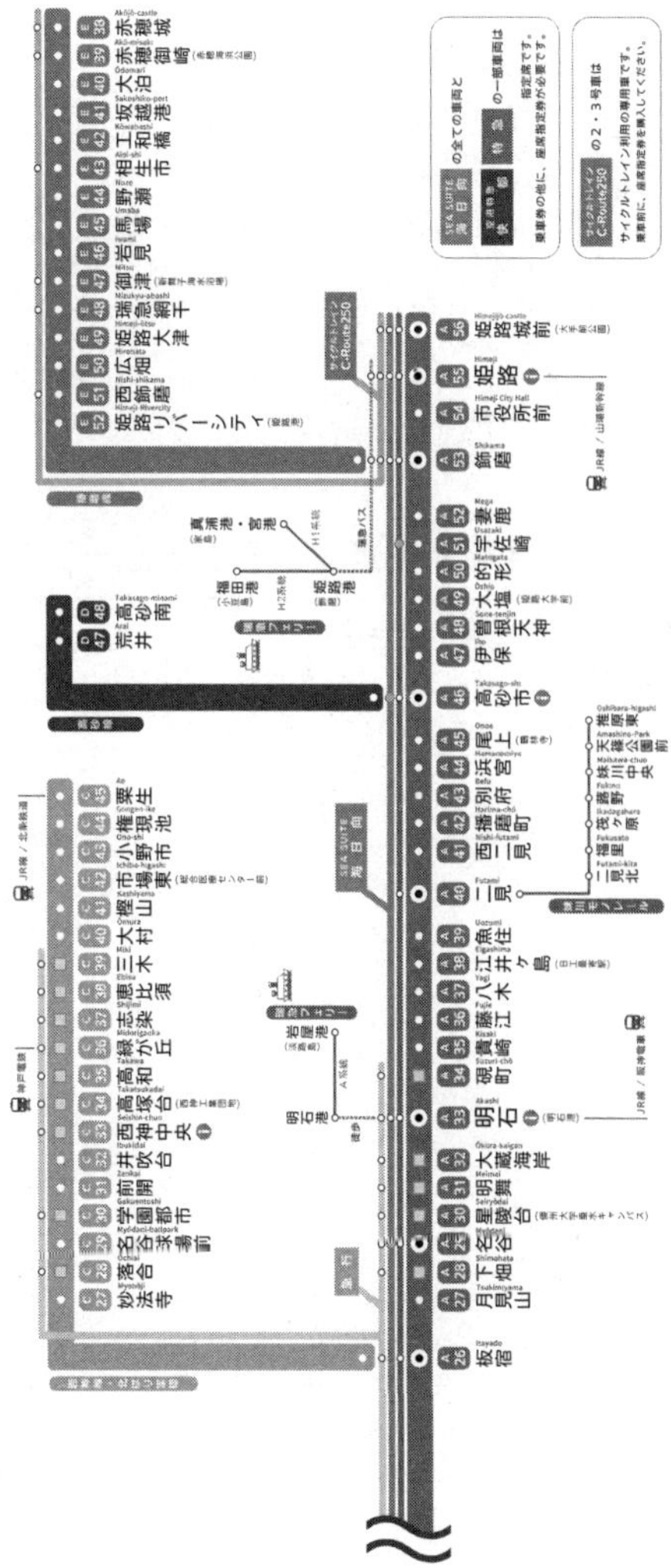

瑞原急行　社名の由来

兵庫県伊丹市の瑞原に創業時の本社を置いていたことが由来。実際には、地名の響きから直感で社名を決めた。

妄想鉄道直撃アンケート

妄想鉄道に興味がわいた理由。

幼少期から鉄道やバス、高速道路を好んでおり、駅やサービスエリアで配布されていた時刻表や路線図を指でなぞりながら、妄想旅行を楽しんでいました。通学時間が長かった中学生の頃には、気分転換で通学ルートを変更したり、友人の家への寄り道を繰り返し、校区に詳しくなりました。小学生時代より校区が広くなり、動ける範囲が広がったことも好奇心を動かしたのかもしれません。気が付けば、学校から配布されていた防災マップに、友人と架空の「自転車道」を描いていました。自分用のパソコンを持つようになると、興味関心は校区の外側へと向いていきます。インターネット上で、地元にある国道171号線の直下を走るという設定の「イナイチ電気鉄道」さんのホームページを閲覧し、ついに架空の鉄道と出会いました。現実の国道には渋滞の多い区間もあり、あったら嬉しいなあ、と心から感動したことをよく覚えています。

あえて妄想鉄を運営するに至った理由をお知らせください。

学生時代、部活や学校行事などで小説や脚本を執筆する機会が多くあり、その作中舞台に登場する世界のアイテムとして架空の鉄道路線を創造していました。この頃から「妄想鉄道」の運営が始まっていた、と言ってもよいでしょう。描きたい世界に合わせて現地調査をする際に実在路線を使用するため、今度は実在の私鉄路線にも惹かれていきました。瑞急は現実路線を活用しつつ、スピード面で在来線屈指ともいえる「新快速」と、どのようにすれば対抗できるか、という自分なりのアンサーなのかもしれません。小説を書くことは現在も続けており、瑞急沿線を舞台とする「瑞急文学」を不定期で執筆しています。作中には、執筆当時の瑞急の設定がそのまま反映されており、現在の設定と異なる点もあります。

現在の妄想路線図の状況や、ご自身のこだわりを教えてください。

第二阪神線や宝塚尼崎電気鉄道などの未成線や、山陽電鉄や神戸市営地下鉄などの実在路線など、路線の多くに元ネタがあることが特徴で、なるべく現実離れしない程度の大阪・兵庫を演出しています。未成線や廃線には路線が「現存しない」という難しさがあり、瑞急のある世界では路線が「存在する」という状況を説明するための根拠づくりを設定の中で施すようにしています。実在路線の経由地を少し変更したり、少しだけ延伸したり、という細かい部分など、自分なりの解釈を見ていただけたら幸いです。また、路線図の副駅名には、架空のプロ野球チームや大学、ニュータウンなども登場しています。鉄道以外の要素も少しだけ設定を加えつつ、瑞急沿線の人々の日常生活が窺えるように工夫しています。

現在運営している、妄想鉄道のダイヤ概要を教えてください。

乗車券のみで乗車できるのは普通・準急・急行・特急の4種別で、このうち、特急の一部車両には指定席車両「瑞急ライナー」が併結されています。種別数は少なめですが、プロ野球や花火大会などの開催時、ラッシュ時などに停車駅が増えるパターンがあり、複雑になっています。大阪側の区間は類似的な10分サイクルのパターンダイヤで、特急・普通と、瑞急宝塚線～地下鉄谷町線を直通する準急が、日中は毎時6本ずつの運行です。特急は姫路行と明石行が半数ずつで、本線の普通は途中の二見駅で系統分割を行い1編成当たりの両数を変更することで、姫路側との需要差に対応しています。全車両指定席の「海日向」は当初、観光特急として設定されており、現在は梅田～姫路間で毎時1本運行される最速達の列車です。瑞急線の南側に大阪湾や播磨灘が広がっており、海岸線を走る瑞急沿線を、南側から太陽が照らして日なたをつくり、色とりどりの果実が育っていくイメージで命名しました。他に、梅田～神戸空港を結ぶ空港特急「快都」と、播磨線のサイクルトレイン「C-Route250」が運行され、先述のパターンダイヤを少しずつ乱すような列車を挿入しています。

ご自身の作品で、快心だと思われた妄想路線図を教えてください。

元々は手書きで描いていた「自転車道」の路線図が、妄想鉄の作成の過程でExcelを使用するようになり、瑞急線の路線図ではクラウドデザインツールのCanvaを初めて使用しています。妄想鉄との歩みは、創作環境や自身の成長とも重なる部分がある気がします。最新の瑞急線路線図はデザインを大きく見直し、東急線のように路線カラーが際立つような配置に変更しました。路線図の上下には、瑞急のイメージカラーの緑色と青色の帯が描かれており、海と山の間にある瑞急沿線が存在することを演出しています。

今後の御社の妄想路線はどのような展開をお考えですか？ ダイヤ改正並びに種別増加、延伸予定、新計画などのビジョンをお聞かせください。

方向性としては、沿線が秘めているポテンシャルをどうアピールしていくか、という形になると思います。妄想鉄を表現方法とした、架空の町おこしなのかもしれませんね。例えば、実在世界の明石より西側は、サイクリングロードが多く整備されている区間。播磨線のサイクルトレインを設定したのも、この観光資源を活かす目的がありました。広い地域でとらえると、淡路島を一周する「アワイチ」や、瀬戸内海を一周する「セトイチ」も人気だそうです。現実では、四国新幹線の未成線ともいえる大鳴門橋の桁下空間を活用して、28年度の自転車道開通を目指すとのこと。明石と淡路島を結ぶ「瑞急フェリー」に加えて、サイクルトレインをさらに拡充することで、この流れに乗っかっていきたいところです。また、新たな事業として貨客混載を検討しています。近年の運送業界の諸問題を解決するための手段の一つとして、注目を集めています。ダイヤなどに課題はありますが、近鉄線の輸送例をモデルに、梅田の瑞急百貨店に瑞急沿線の名産品が新鮮な状態で並ぶような光景を夢見て、今後も検討を続けていきます。

久野の目

出ました、球団運営!! 大学まで有する多角経営で、少子化対策！？瑞急文学は読み応え抜群◎

何と言っても、妄想鉄道路線図の美しさに感激!!!!!!!! 京神電鉄さんと同じく、宝塚尼崎電気鉄道などの未成線や実在路線とうまく共存し、実際に存在するかのような輝きを放っていますね。また“野球鉄”さん憧れのプロ野球球団に加えて、神戸の町らしくモノレールまで運営とは! もともと学生時代から小説や脚本を執筆されていたことに由来する妄想鉄道運営とあって、大変情緒的＆沿線に住まう方の生活や人生のイメージが明確に掻き立てられます! 瑞生文学は、大学では必須科目かな（笑）通ってみたかったです◎

南田の目

鉄道とは街を作るもの 文化を作るもの。芸術の舞台にも

わが故郷奈良県に新しい大学が。その名も倭州大学。倭州大学の鉄研の部長・高崎は、毎年一度の研究会の報告用に訪れた瑞急「権現池」駅にいる。全90駅中で乗降客数が1番少なく、当然ひっそりとしている。そこにひとりたたずむ白いワンピースを纏った美しい女性。手には本日開店の梅田瑞急百貨店の紙袋。間違いない。深沢だ。しかし変だぞ？　深沢はさっきまで茨城県にいたはず。あっ! ……こうしてふたりの新たな物語は、ゆっくりと加速、減速、時には空転していくのである（南田妄想文庫より）。

夢の新幹線が爆誕!?

近鉄妄想鉄道

野月版

同じ軌間という特徴をフル活用

私鉄最長の路線長をほこる近鉄を、ゆるぎない日本一へとさらに拡大させる妄想です。同じ軌間 1435mm の路線という点に目を付け…恐れ多くも東海道新幹線を近鉄にしてみました。近鉄新幹線、略して近幹線と呼ばれています。弾丸列車計画をそのまま近鉄が実現させた物で、直流電化となり、最高速度は 240 キロ。これは最新形式にも近鉄伝統の二階建て車両を連結しているためです。現役の形式と愛称は以下の通りです。

70710 系　**ダーガンライナー**
70720 系　**ダーガンライナー A**
70722 系　**ダーガンライナー Aplus**
70730 系　**青のとり（ダーガンライナー NEXT）**

編成は 8 両、近幹線内では二編成を併結した 16 両が大半を占め、近鉄名古屋で分割し大阪難波・伊勢志摩方面への乗り入れ運用もあります。甲特急、乙特急、丙特急の三種があり、それぞれのぞみ・ひかり・こだまのイメージ。近鉄名古屋を通らない米野短絡線は、現在は大阪難波・伊勢志摩方面直通の乙特急のみが使用し、近鉄豊橋で分割併合を行っています。近鉄車両に縁がある大井川鐵道は近鉄の一支線となり、電車列車は掛川まで三線軌で乗り入れ運転を行っています。

東海道近幹線路線図

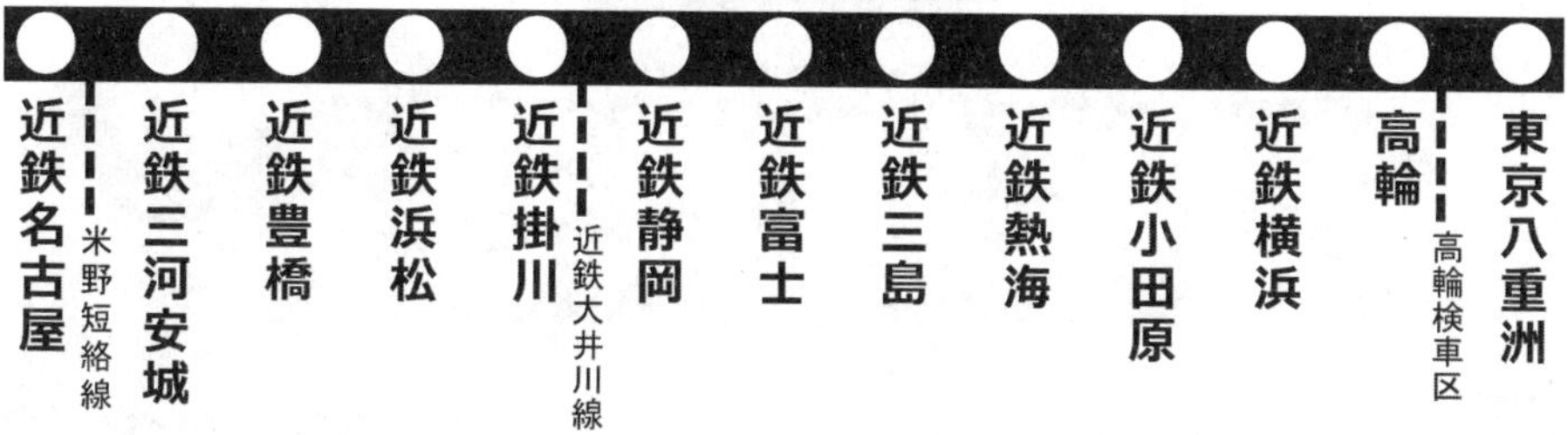

通称「近横浜」は新たな接続駅に

東京側の駅についてですが、近鉄横浜は通称「近横浜」と呼ばれており、東急近横浜線・相鉄近横浜線も開業し新たな接続駅としてにぎわっています。都内の高輪・東京八重洲は、ターミナル駅の位置を明確にする近鉄らしい命名となりました。

…というわけで禁断の妄想鉄道、いかがでしたでしょうか。

東海道新幹線がずっと700系である点は、細かい刻みの形式番号の近鉄と似ていることから、妄想が一気にはかどりました。

N700Sは730・740の形式番号を使っており、実際に730系と言っても過言ではありません。今回車両のイラストまでは手が回りませんでした、おそらく流線形が強まり、前パンは空力上無くなり…皆さんも各自妄想ください（笑）。

SUPER BELL"Z
野月 貴弘

1972年5月22日生まれ。北海道帯広市出身。
テクノユニットSUPER BELL'Zの中心人物、車掌DJ＆ボーカル。1999年12月、電車の車内アナウンスをラップにした車掌DJ曲「MOTER MAN（秋葉原～南浦和）」を東芝EMIよりリリース、メジャーデビューし大ヒットを記録。2000年、日本有線放送大賞新人賞を受賞。以降、現代版鉄道唱歌としてシリーズ展開されている。近年は、声で出す電車の音「エアトレイン」を提唱しアルバムをリリース、各地で一般参加者を集い大会を開催。また「鉄道ファン」誌でのレギュラーライター担当など、活動を広げている。2012年からキングレコードでCDをリリースした。2024年にデビュー25周年を迎える。最新アルバムは「鉄道150周年記念 鉄音博」（2022年10月発売）。NHKラジオ第1「鉄旅・音旅 出発進行！～音で楽しむ鉄道旅～」でレギュラーMCを担当。

スーパーベルズオフィシャルウェブサイト「鉄音寺」 http://www.superbellz.com/
YouTube＆ネットラジオ「鉄音アワー」 http://airplug.cocolog-nifty.com/bellz/

近鉄 妄想鉄道 久野版

久野版の特長

- 近鉄丹波橋（京都線）〜京阪丹波橋（京阪本線・中之島線）
相互乗り入れスタート !! 1945年〜 1968年当時
の直通運転を再現 !!

- 淀屋橋／中之島および出町柳まで
プレミアムカーor近鉄汎用特急・しまかぜなどが
百花繚乱!? 特急 戦国時代へ突入！

- 近鉄東信貴鋼索線 復活 !!
第二回 ケーブルカーまつりに参加大決定 !!
https://koberope.jp/event/post-5476

- 富吉駅を冨好駅に変更 !!
ちゃらんぽらん冨好さんが名誉駅長に！？

- 車内メロディ
鉄道好きクラシックデュオ「スギテツ」の
杉浦哲郎さん作曲のメロディ採用！
JR 東海・HC85 から続く名古屋からの旅路に
彩りを添えてくださいます！

- 列車自動アナウンス
女性自動放送で久野が乗り入れ！

注目ポイント

宇治山田駅

久野のご先祖様（かも知れない）、久野節さん！ 駅前に銅像建立！
→記念駅弁を「あら竹」さんへオファー
特別掛け紙にて宇治山田駅限定・駅弁販売スタート！
赤福向かいのコンビニにて、常時販売決定 !!

近鉄×西武系列・ホテル相互乗り入れ企画きっぷ発売！

名古屋プリンスホテル スカイタワー
→名鉄名古屋駅からアクセス抜群 !!
車庫を上から見放題の当ホテルとの〝会社を超えた相互乗り入れ〟
が実現！ かつては繋がっていた、近鉄 & 名鉄 2 泊 3 日乗り放題
切符 & お得にトレインビュールームに泊まれるチケットつき etc.

1

2

3

4

5

6

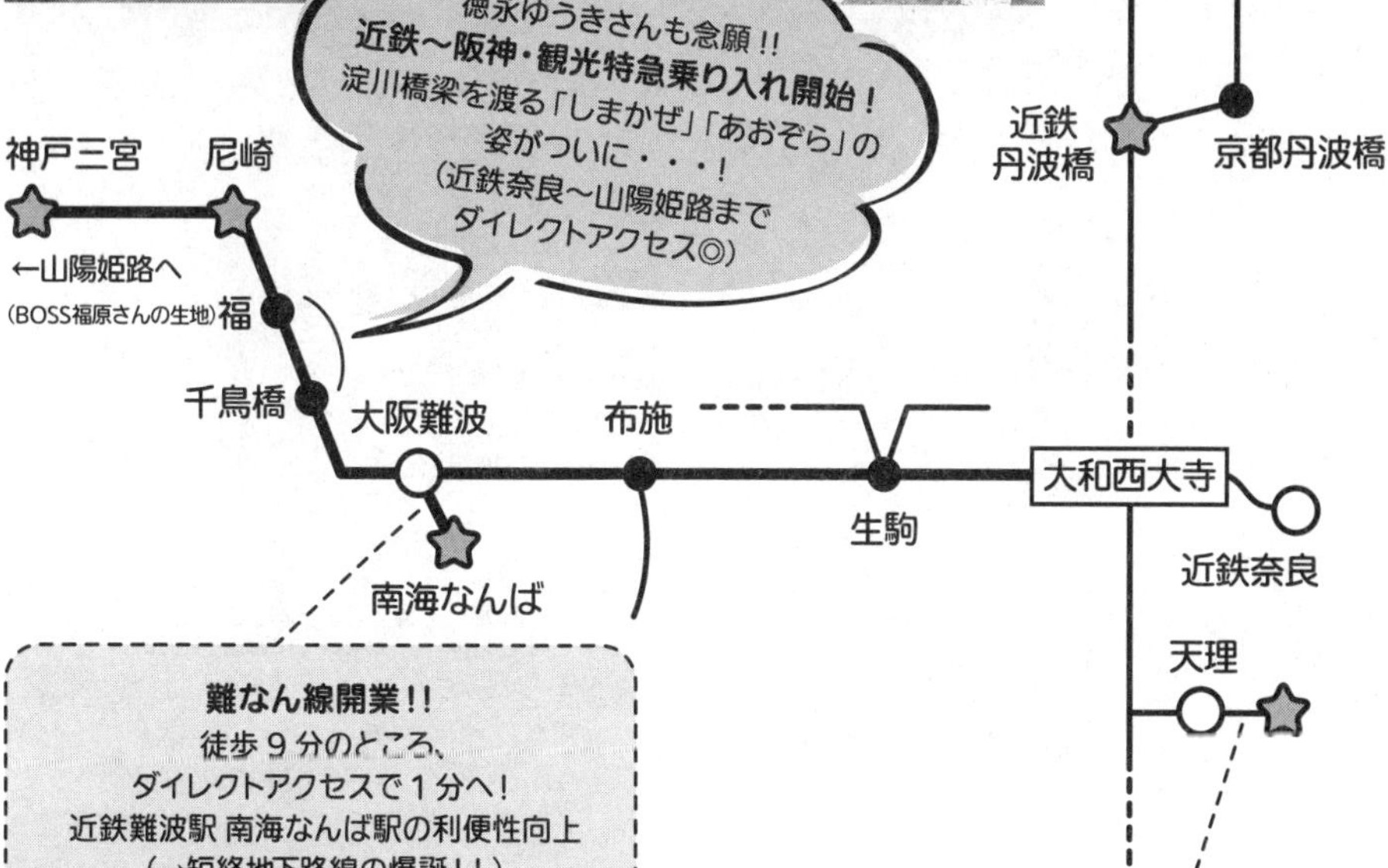

徳永ゆうきさんも念願!!
近鉄～阪神・観光特急乗り入れ開始！
淀川橋梁を渡る「しまかぜ」「あおぞら」の
姿がついに・・・！
（近鉄奈良～山陽姫路まで
ダイレクトアクセス◎）

難なん線開業!!
徒歩９分のところ、
ダイレクトアクセスで１分へ！
近鉄難波駅 南海なんば駅の利便性向上
（→短絡地下路線の爆誕！！）

天理駅～なら歴史芸術文化村まで
「福原支線」の延伸
福原さんがお勧めの道の駅へダイレクトアクセス！
「天理・なら歴史芸術文化村前駅」
"近鉄一長い駅名"誕生！！
（→ 等持院･立命館大学衣笠キャンパス前駅に並ぶ？）

近鉄妄想鉄道 両田版

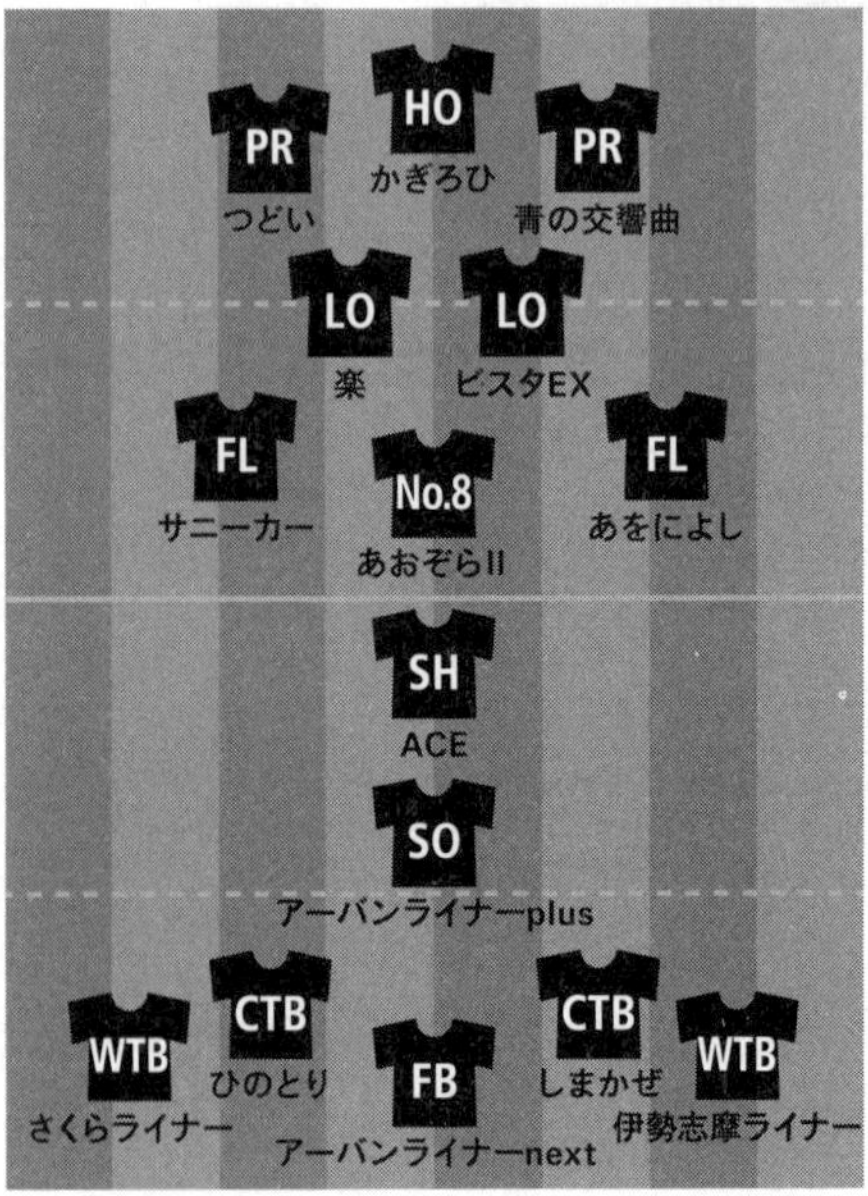

1	投	アーバンライナー
		スタミナ抜群。直球はお任せあれ。
2	二	ACE
		いかなる路線でもつなぎに徹する運用。曲者であってくれ！
3	三	ひのとり
		守備範囲が広くパンチ力に加え、決定力もある若手のホープ。
4	一	しまかぜ
		キングオブ近鉄特急。長打が期待できます。
5	中	伊勢志摩ライナー
		たまったランナーを還す決定力があります。
6	遊	さくらライナー
		細かい動きでしっかりと守る南大阪線吉野線のスター。
7	捕	ビスタ EX
		ベテラン特急。2 階建てでどっしり構え、リードもきっちり。
8	左	あをによし
		路線図上でも、ちょうどレフトの位置。手術（改造）を受けて生まれ変わりました。
9	右	サニーカー
		超ベテラン。9 番バッターでこそ光る車両。まだまだ現役やで。

1番ピッチャー・アーバンライナー！

近鉄電車にはとてもたくさんの特急列車が走っています。その特急車両もバリエーション豊かでどれをとっても個性的です。なので、今回はその特急列車で野球のナインを組んでみました。

1番ピッチャー・アーバンライナー
2番セカンド・ACE
3番サード・ひのとり
4番ファースト・しまかぜ
5番センター・伊勢志摩ライナー
6番ショート・さくらライナー
7番キャッチャー・ビスタEX
8番レフト・あをによし
9番ライト・サニーカー

どうでしょう。強そうでしょうか。

ピッチャーをどうするか迷いましたが、アーバンライナーは最強だと思います。僕が中学生の頃からずっと名阪を走り続けていて、めちゃくちゃスタミナがあると思うんですよ。もう軽く35年経ちますから。しまかぜはやっぱり4番です。ひのとりとかなり迷いましたが、機動力のあるひのとりを3番にもってきました。

ラグビーならこんな顔触れに

その他にも、団体車両含めていろんな車両がありますので、ラグビーチームを作ってみました。

まずは、フォワード陣、第一列は鋼鉄の体を持つ車両たち。3両編成の一般車改造車両の両プロップに、2両編成のクラブツーリズム専用車で構成しました。かぎろひはきめ細やかに動けるフォワードとしても期待。

第二列は、鋼の体でかつ2階建ての長身車両を集めました。近鉄と言えば2階建て車両。ビスタカーは世界で最初に高速列車を取り入れました。

ところで、2階建て車両ではどこに座りますか？　私の場合、昔は2階席を好んで乗っていましたが、やがてちょっと飽きてきます。その次はホームと同じ高さ目線、普段とはまた違う景色を見られる階下席をセレクト。その後、あえて1階建て車両を予約したりしましたが、1周回ってやっぱり2階席から見る眺望は美しく、2階建て車両を実現するために、設計面で工夫されたんだと思うと、2階席でのんびり過ごすのがいいなと思うんです。

フランカーにはベテランの特急車。Ｎｏ.８は、修学旅行専用列車のあおぞらII。以前は全車2階建てで、カラーリングも他とは異なる独自のものが採用されていました。この車両で修学旅行に行きたかったのですが、叶いませんでした。私が中学生の時、五位堂駅から近鉄名古屋駅まで乗った修学旅行列車はサニーカーでした（帰りはビスタカー）。

続いてハーフバックス陣。小柄で機動力のある選手が多いスクラムハーフには2両・4両編成のＡＣＥ。いろんな路線を走り、何なら阪神なんば線に乗り入れる実績もあります。バックスとフォワードをつなぐという意味でも大活躍してくれそうです。

スタンドオフにはアーバンライナーplus。キッカーとしても重要な正確さがあります。名阪間の長距離を走り、途中で多少遅れが発生しても、停車駅が少ない分、正確なダイヤで運行されることが多いです。

しまかぜとひのとりがタックルしたら…

バックス陣。ウィングの選手がライン際を駆け抜ける姿を見ると、力強い走りと突破力が特急列車みたいだなとよく思います。そういった意味で、南大阪線、吉野線系統のスターさくらライナー、京都から賢島行きなどロングラン運用も普通にこなすスタミナを持つ伊勢志摩ライナーがウィングを受け持ちます。センターバックには比較的新しい車両を配置しました。しまかぜやひのとりがタックルしたら、しっかりと守れそうです。スピード力と突破力、それに思考力が巧みであることが必要なフルバックは、アーバンライナーnext。最終ラインは俺が守ると言う存在感と、疾走感、頼れる存在としてぴったりだと思います。

と言う形で近鉄がらみのスポーツに列車を当てはめてみました。

物事の個性って大事だと思います。それは芸能界も一緒です。と言うことで誰もが知る作品、水戸黄門で近鉄特急の配役を考えたらこうなりました。**水戸光圀・あをによし。佐々木助三郎・アーバンライナー。渥美格之進・しまかぜ。風車の弥七・伊勢志摩ライナー。飛猿・ひのとり。かげろうお銀・さくらライナー。うっかり八兵衛・はかるくん。**

どうでしょうか？　続いて、西部警察を…。もういいって？　わかりました。もしこの先を知りたい方は、どこかで私を見かけたら直接、問うてください。ありがとうございました。

近鉄妄想鉄道 橿原版

山阪（山陽網干～神戸三宮）／阪神（神戸三宮～大阪難波）／近鉄（大阪難波～近鉄名古屋）

駅	満腹	夜行	代表的なグルメ
山陽網干		●	
山陽姫路	●		えきそば
山陽明石	●	●	明石焼き
山陽垂水	●		洋食グルメ
舞子公園	●		シーサイドカフェ
神戸三宮	●	●	神戸牛
元町	●		中華まん
芦屋	●		芦屋スイーツ
甲子園	●		カレー
尼崎	●		尼崎中央商店街・阪神蕎麦
大阪難波	●	●	たこ焼き
近鉄日本橋	●		お好み焼き
鶴橋	●		焼肉
布施	●		回転寿司(元祖)
大和西大寺		●	
大和八木	●		柿の葉寿司
宇治山田	●	●	
赤目口	●		へこき饅頭
名張	●	●	堅焼煎餅
松阪	●	●※	牛肉弁当
鳥羽	●		さざえ・牡蠣など
賢島	●	●	アワビ・伊勢海老
津	●		ぎょうざ
近鉄四日市	●	●	トンテキ
桑名	●		はまぐり・長もち
近鉄名古屋	●	●	うなぎ・エビフライ・手羽先など

※夜行は賢島から折り返し後、松坂に停車。

【日中】山陽姫路発　近鉄名古屋行　グルメ満腹列車

グルメで評判の駅に停車して、お客様の満腹感を高める最高の列車。山陽姫路駅は市内中心に位置し、都市から旅立つイメージです。山陽鉄道・阪神・近鉄経由で近鉄名古屋まで一気貫通します。
運行期間は週末、GW、夏休み、冬休みなどに限定。日中の各駅には５分ほど停車し、その駅での名産品や駅弁などを購入できるよう配慮します。近鉄名古屋駅に入線した車両は、メンテナンスを行ったうえで、夜用列車として運用します。

【夜行】近鉄名古屋発　山陽網干行　夜行列車

名古屋線から賢島を経由し大阪線へ。橿原線から奈良線を経由し一路姫路へ向かいます。山陽網干は古い町並みや昔繁栄した舟運などがありタイムスリップをしたような気持ちになります。私たち年配が当時夜行列車で地方に着くイメージを体験していただきたいです。
停車駅はあまり停まらないように考えています。伊勢神宮の最寄駅、宇治山田駅では停車時間を長くし、日の出を観賞します。

【列車運用イメージ】

車両限界があるので新車か改造車両を考えました。６両編成でカフェやＡ寝台の個室タイプなど日中も使え、座席から寝台へ変更可能な可動式シート。また、近鉄が伝統にしているオール二階建て車両にして、６両であるが半分の3両でも運転できるようにします。あるいは３両＋３両（例：伊勢中川駅で近鉄名古屋行と賢島行に解放）という運用も検討します。また、夜行のグルメはカフェでの提供を中心にします。

オフショット！

おわりに

Owarini

著者より

念願だった、シリーズ初の関西進出を果たすことができて、感慨深い1冊になりました！

内容についても、来年で5年目を迎える大切なレギュラー番組・BS日テレ『友近・礼二の妄想トレイン』と、ついに書籍内で相互乗り入れ企画が叶って、とっても光栄です！

いつも大変お世話になっている、大好きな友近さん&礼二さんにも、楽しんでいただけていたならうれしいのですが……！（笑）

徳ちゃんこと徳永ゆうきさんには、阪神・近鉄の相直Xデーをはじめ、まさに関西の鉄道ネットワークが拡大したときのリアルなお話を伺えて、実りある巻頭ページになりました！

そして現場では、検車区や駅、グッズ営業など近鉄で働く皆さんと触れ合うことができて、貴重な経験をさせていただきました！

私の著書としての関西版となると、京阪さんを期待される方が多いと思いますが、大学卒業後に上京してから、お仕事で一番乗り入れすることが多かったのは、スーパーバイザーの福原さんとのご縁もあり、近鉄さんでした。

さらに私の鉄道名誉マネージャーでもある、頼れる監修担当・南田さんの育ちも近鉄沿線。

縁やゆかりのある方々と、私たちならではの近鉄本を関西進出第一弾として生み出すことができて、本当に良かったです！　第二弾、第三弾はどの電鉄さんに……（笑）

最後になりましたが、本書制作にご協力をいただいた近畿日本鉄道の皆さん、インタビューや制作にご協力いただいた妄想トレインチームはじめご関係者の皆さん、ファンの皆さんに心より御礼申し上げます。

本書をきっかけに、全国各地に近鉄さんのファンがもっともっと増えますことを心より願っております！

この度も、本当にありがとうございました‼

久野知美

監修者より

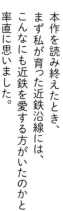

本作を読み終えたとき、
まず私が育った近鉄沿線には、
こんなにも近鉄を愛する方がいたのかと
率直に思いました。

富士山登山に例えて言うなら、
わたしなんかまだ二合目ですね。

近鉄に勤めていらっしゃる方も、ファンの方も
皆さん、近鉄電車に対する愛情がとても深い。
近鉄は偉大です。
日本一の〝愛され鉄道〟ではないかと私は思います。

今後も発展していくことを祈念しつつ、
しまかぜ、ひのとり、青の交響曲、あをによしと、
たくさんの近鉄特急が走っている時代に
生まれてきたことに感謝。

まだ乗っていない路線もあるので、
乗りにいきたいと思います。
(尺土～近鉄御所間の御所線、
近鉄四日市～湯の山温泉間の湯の山線)
まだまだ味わいつくすぜい。

南田裕介

スーパーバイザーより

私の出身でもある近鉄をこのように
たくさん取り上げていただき、
非常にうれしい思いです。

近鉄で働いていた時代に取り組んできたことを
振り返りながら、
本書の制作に楽しく携わらせていただきましたが、
当時ではわからなかった近鉄の良さや魅力が
まだまだたくさんあるんだなと実感しました。

この書籍を通じて、
もっともっと近鉄が好きなファンが増えることを
願っております。

ありがとうございました。

福原稔浩

著者

久野知美（くの・ともみ）

フリーアナウンサー、女子鉄。1982年7月21日、大阪府出身。

“女子鉄アナウンサー”として、テレビ朝日「タモリ倶楽部」、NHK「鉄オタ選手権」、TBS「東大王」、TBS ラジオ「赤江珠緒 たまむすび」など鉄道関連企画のテレビやラジオ、イベントに多数出演するほか、関東私鉄3社の列車自動アナウンスも担当。

近年では「東洋経済オンライン」コラム執筆などフォトライターとしても活躍中。

現在のレギュラーは、BS 日テレ「友近・礼二の妄想トレイン」、BS フジ「鉄道伝説 SP」「Let's トレ活！」、テレビ東京「ハーフタイムツアーズ」など。

著書に「鉄道とファン大研究読本」「京急とファン大研究読本」「東京メトロとファン大研究読本」「東急電鉄とファン大研究読本」（小社刊）、「女子鉄アナウンサー久野知美のかわいい鉄道」（発売：山と渓谷社、発行：天夢人）。

2019年に就任した国土交通省認定『日本鉄道賞』選考委員・鉄道貨物協会『鉄道貨物輸送親善大使』を皮切りに、『平成筑豊鉄道 魅力向上アンバサダー』など鉄道関連の広報 PR を幅広く務める。

監修

南田裕介（みなみだ・ゆうすけ）

株式会社ホリプロ スポーツ文化部 アナウンスルーム担当 副部長。1974年8月22日生まれ、奈良県出身。静岡大学卒業後、1998年ホリプロに入社。タレントのプロデュースをする傍ら、自身もテレビ朝日「タモリ倶楽部」、CS 日テレプラス「鉄道発見伝」などの鉄道関連のテレビ、ラジオ、雑誌や YouTube、イベントにも出演。「鉄オタ道子、2万キロ」などドラマ作品の監修や、講演会の講師をつとめている。日本テレビ「笑神様は突然に…『鉄道 BIG4』」の一人でもある。著書に「貨物列車マニアックス」（小社刊）「ホリプロ南田の鉄道たずねて三千里」（主婦と生活社）「南田裕介の鉄道ミステリー 謎を求めて日本全国乗り鉄の旅」（発売：山と渓谷社、発行：天夢人）など。監修に「東急電鉄とファン大研究読本」などの小社刊鉄道シリーズがある。

スーパーバイザー

福原稔浩（ふくはら・としひろ）

1956年生まれ。1975年に近畿日本鉄道に入社。駅業務、車掌（1977）、運転士（1984）、助役（1991）を担当後、1994年から近鉄広報部に所属（マスコミや社内誌を担当）し、2011年に自らロケーションサービス立ち上げる。

鉄道知識に精通しており、NHK「ブラタモリ」や「鉄オタ選手権」、毎日放送「痛快！明石家電視台」などの鉄道番組の出演や東京・大阪・奈良の FM ラジオ番組を担当。また講演活動など多数。そのほか、映画やドラマなども誘致し、国内外の有名監督なども交友があり、数多くの作品にも参加している。2022年3月より「なら歴史芸術文化村」の統括責任者として着任。